Gottfried Zöpfl

Eine wichtige Aufgabe des bayerischen Verkehrswesens

Denkschrift des Vereins für Hebung der Fluß und Kanalschiffahrt in Bayern über den Ausbau der bayerischen Main und Main-Donauwasserstraße

Gottfried Zöpfl

Eine wichtige Aufgabe des bayerischen Verkehrswesens
Denkschrift des Vereins für Hebung der Fluß und Kanalschiffahrt in Bayern über den Ausbau der bayerischen Main und Main-Donauwasserstraße

ISBN/EAN: 9783743378988

Hergestellt in Europa, USA, Kanada, Australien, Japan

Cover: Foto ©ninafisch / pixelio.de

Manufactured and distributed by brebook publishing software (www.brebook.com)

Gottfried Zöpfl

Eine wichtige Aufgabe des bayerischen Verkehrswesens

Eine wichtige Aufgabe
des
bayerischen Verkehrswesens.

Denkschrift

des

Vereins für Hebung der Fluß- und
Kanalschiffahrt in Bayern

über den

Ausbau der bayerischen Main- und Main-Donauwasserstraße,

bearbeitet von

Dr. Gottfried Zöpfl,
Geschäftsführer des Vereins.

Verlag von J. L. Schrag.
Nürnberg 1894.

Seiner Königlichen Hoheit dem

Prinzen Ludwig von Bayern,

Seinem hohen Protektor

In ehrfurchtsvollster Dankbarkeit

Der Verein für Hebung der
Fluß- und Kanalschiffahrt in Bayern.

Vorwort.

Die nachfolgenden Aufsätze sind als Artikel in einer Reihe von Zeitungen und Fachzeitschriften im Verlaufe des verflossenen Winters erschienen. Kapitel 4 und 5 wurden im wesentlichen als Artikelserie unter dem Titel „die bayerischen Wasserstraßen, eine der Aufgaben des bayerischen Landtages" und „Der Ausbau der bayerischen Main=Donau=Wasserstraße" veröffentlicht. Diese Artikel erschienen in etwa 80, hauptsächlich bayerischen Zeitungen und Zeitschriften.

Die übrigen Kapitel erschienen als Einzelartikel in verschiedenen größeren Zeitungen, aus welchen dieselben auch wieder in andere Zeitungen ganz oder teilweise übergingen. So erschien ein Aufsatz „Bayerische Verkehrspolitik" in den Münchener Neuesten Nachrichten (7. 2. 94), ferner „Ulrichs Schrift über Staffeltarife und Wasserstraßen in bayerischer Beleuchtung" im Fränk. Kurier (22. 4. 94), „die wirtschaftliche Notlage und die Wasserstraßenfrage in Bayern" in der Augsburger Abendzeitung Nr. 126/1894, „Binnenschiffahrt und Nationalvermögen in Bayern" in der Augsburger Abendzeitung Nr. 132/1894, „die bayerische Industrie und die Wasserstraßenfrage" im Fränk. Kurier Nr. 224 (15. 5. 94), „die nationale Bedeutung der bayerischen Wasserstraßenfrage" in der Kölnischen Zeitung Nr. 409 (16. 5. 94).

Die Vorstandschaft des Vereins für Hebung der Fluß= und Kanal= schiffahrt in Bayern hält es für sachförderlich, diese Artikel in einer Vereins= denkschrift zu sammeln und letztere den Vereinsmitgliedern zuzustellen. Ich hatte mir mit diesen Artikeln nicht das Ziel gesteckt, die Frage des Ausbaues der Main=Donau=Wasserstraße vollständig zu erschöpfen. Dazu gehören natürlich noch weitere, eingehende technische und wirtschaftliche Vorarbeiten und speziell in technischer Beziehung glaubte ich zur Zeit auf Details verzichten zu sollen.

Das bescheidenere Ziel war, den hohen Landtag des Königreichs Bayern davon zu überzeugen, daß es notwendig sei, der Wasserstraßenfrage näher zu treten und die im Budget vorgesehene Summe für Studien auf diesem Gebiete zu bewilligen.

Indem ich noch die angenehme Pflicht erfülle, der k. Hof- und Staatsbibliothek in München für Unterstützung mit Litteratur und dem Vorsitzenden des Vereins für Hebung der Fluß- und Kanalschiffahrt in Bayern, Herrn Bürgermeister Dr. v. Schuh dahier für seine höchst schätzenswerten Ratschläge meinen verbindlichsten Dank auszusprechen, lasse ich dieses Schriftchen über Mainkanalisierung und Donau-Main-Kanal vom Stapel laufen mit den Worten, die der Begründer der bayerischen Wasserbaukunst Adrian v. Riedl vor hundert Jahren einer die Notwendigkeit von Flußregulierungen begründenden Schrift vorangeschickt hat: „Ich bin nicht so sehr „von der Eigenliebe übermannt, daß ich meine gemachten Erfahrungen samt „denen daraus geschlossenen Schlüssen allein als echt und untrüglich erklären „will. Weit davon entfernt, begnüge ich mich, sie jedermann mitzuteilen und „anderen es zu überlassen, in wie weit sie näherer Untersuchung, genauer „Prüfung und wirklicher Anwendung würdig sind. Habe ich Stoff zu „fernerem Nachdenken gegeben, habe ich Aufschlüsse geliefert, die in der Ausführung hie und da in den Stand setzen, vorurteilsfreier zu denken und „zu untersuchen, habe ich zum Wohle meines Vaterlandes auch nur in den „entferntesten Gesichtspunkten beigetragen, so ist der schönste Wunsch meines „Herzens erfüllt, das, so lange es atmet, Bayern liebt. —"

Nürnberg, im Mai 1894.

Der Verfasser.

1. Eisenbahn und Binnenschiffahrt im Güterverkehr.

Wer das Verkehrswesen leitet, der beherrscht die Volkswirtschaft. Auf seinen Wink können Städte sich rapid entwickeln und ebenso rapid zurückgehen, können Industrien erblühen und rasch oder auch in langsamem Siechtum vergehen, Handelsgeschäfte plötzlich zu enormem Reichtum und ebenso rasch zum Bankerott gelangen, Tausende von Arbeitern broblos oder eifrigst gesucht werden.

Daß nun die Wasserstraßen zu den ganz besonders wichtigen Verkehrswegen gehören, ist eine unbestrittene Thatsache. Sie waren vor der Erfindung der Eisenbahnen Vorzugsverkehrswege gegenüber den Landstraßen und damit Leitwege für Handel und Industrie, da im wirtschaftlichen Leben die Vorzugsbedingungen darüber entscheiden, ob ein Betrieb anstommen kann, und da die Frachtvorteile durch andere günstige Umstände, z. B. altes Renommée, billige Arbeitslöhne, besondere Intelligenz u. s. w. erfahrungsgemäß auf die Dauer nur in seltenen Fällen kompensiert werden können.

Die Wasserstraßen sind nun — wie in nahezu allen Kulturstaaten bereits anerkannt ist — auch in neuester Zeit nach einer stellenweise geradezu verschwenderischen Verallgemeinerung des Eisenbahnbaues wieder Vorzugsverkehrswege gegenüber den Eisenbahnen geworden — nicht auf allen Gebieten, z. B. nicht auf dem Gebiete des Personentransportes, aber auf dem Gebiete des Güterverkehrs und zwar in erster Linie bei solchen Gütern, bei denen die Fracht im Verhältnis zum Werte sehr in's Gewicht fällt (sogenannte Massengüter!).

Es ist klar, daß bei einer Schiffsladung von Genfer Uhren, Diamanten oder Pforzheimer Bijouteriewaren die Fracht von ein paar Mark gegenüber dem Werte der Ladung eine minimale Rolle spielen würde, ebenso, wenn auch in geringerem Maße, bei vielen Fabrikaten, wie kunstgewerblichen Gegenständen, Champagner, Instrumenten u. s. w., daß aber die Frachtkosten bei einer Schiffsladung von „schwarzen Diamanten", d. h. Steinkohlen, Metallen, Dünger, Brettern, Steinen, Ziegeln, Glas, Papier, Baumwolle, Hopfen, Leder, Getreide, Obst, Kolonialwaren, Rüben, Kartoffeln, Bier, Wein, Petroleum u. s. w. eine recht beträchtliche Rolle im Verhältnis zum Werte der Waren spielen.

Nun haben wir aber in Bayern sehr wenig Bijouteriewarenfabriken und Sektkellereien, aber außerordentlich viel Holzsägemühlen (1351 Betriebe), sehr viele Steinbrüche, Brauereien, Hopfen- und Getreidehandlungen u. s. w.

Wir haben für unsere Industrien zumeist nicht die nötigen Roh- und Hilfsprodukte, Kohlen, Eisen u. s. w. in genügender Masse im Lande und müssen, wie Prinz Ludwig von Bayern in seiner Reichsratsrede vom 4. April 1892 sich bezeichnend ausdrückte, „zu tot froh sein", wenn wir diese Materialien recht reichlich und billig von auswärts erhalten.

Diese Billigkeit der Fracht gewährt aber gerade eine rentable, d. h. verkehrsreiche Wasserstraße[1]), eine Billigkeit, die — auch bei Einführung von Gebühren behufs Verzinsung des Anlagekapitals der Wasserstraße — von der Eisenbahn bei gleicher Länge der Wasserstraße sowohl wie auch noch bei einem sehr beträchtlichen Umweg der letzteren nicht erreicht werden kann.

Es ist eine bekannte Thatsache, daß ein Pferd auf dem Wasser eine Last zieht, zu deren Fortbewegung auf dem Lande ein Güterzug von 10—12 Waggons notwendig wäre und zwar in einem einzigen, auf dem Wasser dahingleitenden, die denkbar einfachste und deshalb rationellste Beförderungsart repräsentierenden Schiffe, während auf dem Lande, wo der Bewegungswiderstand viel größer ist als im Wasser, auch noch die große, den Transport der Güter erschwerende und verteuernde Last der zahlreichen schweren Eisenbahnwägen von der Lokomotive mitgezogen werden muß. Ein Nachteil der Schiffahrt ist dagegen unstreitig die Winterſperre, der man nur durch Lagerung der Waren in Lagerhäusern oder in den Schiffen selbst begegnen kann. Bezüglich dieser Lagerung der auf Vorrat bezogenen Waren in den Wintermonaten bemerkt Professor Oelwein mit Recht, daß hier bei einer auf dem projektierten Donau-Oberkanal bezogenen Tonne Kohle ein Verlust von nur 10 Kreuzer für Lagerungsspesen einer Transportkostenersparnis von 3 fl. 60 Kr. gegenübersteht. Es wird mit der Winterſperre auch viel übertrieben, dieselbe beträgt bei dem Ludwigskanal, bei dem sie bekanntlich sehr lang ist, nicht 5 Monate, wie immer behauptet wird, sondern nur 4 Monate. Im Übrigen ist der Winter in Bayern nicht so ungewöhnlich hart, wie man im Hinblick auf die bayerischen Wasserstraßen vielfach behauptet. Nach den offiziellen Mitteilungen des meteorologischen Zentralbureaus in München hatte einer der härtesten Winter der letzten Zeit 1890/91 90 Tage, an welchen die mittlere Tagestemperatur unter dem Gefrierpunkt kam, der Winter 1891/92 dagegen nur 54 solcher Tage. Dem größten Nachteile der Binnenschiffahrt, der Winterſperre, steht aber als größter Vorteil die Frachtbilligkeit gegenüber. Das muß festgehalten werden.

---

[1]) Man darf in dieser Hinsicht auch nicht zu viel verlangen und sich nicht an eine Schablone halten. Meißen in Schmollers Jahrbuch 1884 S. 1 verlangt 2 Mill. Tonnen Verkehr für die Rentabilität. Nördling („Die Selbstkosten des Eisenbahntransportes und die Wasserstraßenfrage" Wien 1885) behauptet (S. 143), daß bei Einhaltung dieser Forderung von dem gesamten französischen Kanalnetze keine 75 Kilometer bauwürdig gewesen wären.

Neuerdings hat nun Ulrich[1]) mit seiner Schrift „Staffeltarife und Wasserstraßen" den Vorsprung der Binnenschiffahrt auf die ungleichmäßige Behandlung der Eisenbahnen und der Wasserstraßen seitens des Staates zurückzuführen versucht und dabei neben vielen durchaus richtigen Ausführungen eine Reihe von Urteilen ausgesprochen, welche geeignet sind, die Bedeutung der Wasserstraßen herabzuwürdigen. Wir sehen uns dadurch veranlaßt, auf das Thema: „Wasserstraßen und Eisenbahn" etwas näher einzugehen.

Die Gegner der Wasserstraßen behaupten mit Vorliebe, die Eisenbahnen „könnten" noch weit mehr leisten, als bisher, und Nördling verstieg sich zur Behauptung, die Eisenbahn könne einen Donau-Oder-Kanal durch ihre Tarife vollständig tot machen. Man wird mit Recht darauf antworten, wenn die Eisenbahn das „kann", warum thut sie es nicht, wozu das Bramarbasieren, wo nur Thatsachen beweisen können? Die Wasserstraßen haben ihre eminent steigende Bedeutung im Güterverkehr vollständig durch Thatsachen erwiesen; das hat noch niemand schlagender nachgewiesen als Ulrich selbst. Man hält sich heutzutage mit Vorliebe an den Erfolg und weniger an Prophezeihungen, und deshalb wird man auch trotz Nördling u. A. in Oesterreich den Donau-Oder-Kanal bauen, nicht um denselben von der Kaiser Ferdinands-Nordbahn trocken legen zu lassen[2]), sondern um für den Verkehr eine billigere Fracht-gelegenheit zu schaffen, womit ja wohl auch eine Herabdrückung der hohen Tarife der Nordbahn verbunden sein wird. Schon im Jahre 1879 hat Bellingrath[3]) in eingehender Weise nachgewiesen, daß es den Eisenbahnen wegen der hohen Selbstkosten unmöglich sein wird, dem immer mehr sich geltend machenden Bedürfnis nach niedrigen Frachttarifen nachzukommen. Bellingrath führte Folgendes aus:

„Für das Privatkapital wie für die wirtschaftliche Lage Deutschlands wäre es vorteilhafter gewesen, wenn man an Stelle der vielen notleidenden Bahnen solche Kanäle gebaut hätte, die im Stande sind, die Transportsätze von 0,6 ₰ bis zu 1 ₰ pro Zentner-Meile in Wahrheit durchzuführen, ohne durch Tarifkombinationen anderseitig den Verkehr zu belasten und ohne dabei auf Verzinsung der Anlagekapitalien Verzicht zu leisten.

Ein Pfennig pro Zentner und Meile genügt nicht zur Deckung des Aufwandes für Betrieb, Amortisation und Zinsen; die Eisenbahnen müssen deshalb für die Vorteile, welche sie bei bestimmten Artikeln oder bei be-stimmten Transportwegen einräumen, auswärts sich schadlos zu halten suchen.

---

[1]) „Staffeltarife und Wasserstraßen" von Franz Ulrich, geh. Oberregierungsrat und vortragender Rat im Ministerium der öffentl. Arbeiten. Berlin, J. Springer. 1894.

[2]) Nördling, k. k. Generaldirektor: „Die Selbstkosten des Eisenbahntransportes und die Wasserstraßenfrage". Wien 1885. S. 183.

[3]) Bellingrath, Schiffahrtsdirektor: „Studien über Bau- und Betriebsweise eines deutschen Kanalnetzes". Berlin 1879.

Billige Tarifsätze, welche anderwärts unerläßlich höhere Tarifsätze bedingen — um so viel zu hoch, als jene zur Deckung der Arbeitsleistung zu niedrig sind — bieten der Allgemeinheit nur einen scheinbaren, keinen wirklichen Nutzen. Die Eisenbahnen sind, wie die Tariferhöhungen beweisen, an der Grenze ihrer ökonomischen Leistungsfähigkeit angelangt.

Dabei gewähren nur die älteren, im Besitze des Durchgangsverkehrs befindlichen Linien eine genügende direkte Rente, für den Bau neuer Bahnen kann nur noch der zu schaffende indirekte Nutzen in Frage kommen.

Deutschland, dessen Eisenbahnbesitz den aller festländischen Großstaaten übertrifft, hat zum Bau neuer großer Linien zunächst keine Veranlassung mehr. Zur Verdichtung des Eisenbahnnetzes genügen Sekundärbahnen. Die Sekundärbahnen erfüllen den Zweck, neue Transporte zu erschließen, und dienen den Primärbahnen als Zubringer. Eine Verbilligung des Transportes ist wegen des geringen spezifischen Verkehrs nicht zu erwarten."

Den Vorzug der Schiffahrt anerkennend, äußerte sich auch Staatsminister v. Maybach in der Sitzung des preußischen Abgeordnetenhauses vom 22. Mai 1886:

„Es ist ganz gewiß, und wir müssen uns darauf einrichten, daß auf die Dauer nicht alle Massenprodukte auf der Eisenbahn befördert werden können, nicht etwa aus technischen Rücksichten — technisch werden wir vielleicht noch viel mehr leisten können, aber nicht finanziell. Wir müssen darnach streben, die weniger ertragsfähigen Artikel, die nicht neben den übrigen Artikeln in Ausnützung des vorhandenen Transportapparates gefahren werden können, auf andere billigere Straßen zu bringen."

Anders spricht sich Ulrich aus, der die Frage, ob die künstlichen Wasserstraßen bei entsprechender Verzinsung niedrigere Frachten als die Eisenbahnen gewähren können, für „sehr bestritten" hält. Wenn die Eisenbahn wirklich niedrigere Selbstkosten hat als die Schiffahrt, insbesondere da, wo es sich bei dem Verkehrszuwachs um ein Annähern an das Intensitätsmaximum handelt, d. h. um eine bessere Ausnützung der stabilen Kosten der Eisenbahn, warum ist die Eisenbahn „nicht in der Lage", der niederrheinisch-westfälischen Hochofenindustrie die notwendigen Erze von der oberen Mosel zu verschaffen? Warum läßt sie es zu, daß diese Rohprodukte zur Schädigung des deutschen Bergbaues aus Spanien, England, Frankreich, Belgien und Schweden per Schiff der niederrheinisch-westfälischen Eisenindustrie im Werte von ca. 10 Millionen ℳ jährlich zugeführt werden? Warum denkt die preußische Staatsregierung nicht daran, einfach „ihre Tarife dem Selbstkostenpreise zu nähern"[1] und damit die ausländische Konkurrenz zu schlagen, warum endlich

---

[1] Nördling a. a. O. S. 183. Ulrich weist auch darauf hin, daß es der Gotthardbahn nicht gelungen sei, den großen deutsch-italienischen Güterverkehr von der Seeschiffahrt hinweg auf ihre Geleise zu ziehen.

hofft man dieses letztere Ziel allein durch die Moselkanalisierung zu erreichen? Weil man eben darüber nicht hinauskommt, daß die Schiffahrt im Güterverkehr hinsichtlich der Billigkeit das leistungsfähigere Verkehrsmittel ist. Ulrich, der die Eisenbahn für das wirtschaftlich vollkommenere Verkehrsmittel hält, gibt selbst an einer anderen Stelle zu, daß abgesehen von der Billigkeit sogar in Bezug auf Schnelligkeit, Regelmäßigkeit und Sicherheit des Transportes die Schiffahrt der Eisenbahn immer näher komme. Der Hauptpunkt ist übrigens bei der modernen scharfen Konkurrenz immer die größere Billigkeit der Schiffahrt. Bei Kanälen ist ja ohnedieß schon wegen des Uferschutzes die Geschwindigkeit über eine Leistung von 6 Kilometer pro Stunde vorerst schwer zu steigern. Die von Ulrich angezogenen englischen Verhältnisse dürften insofern ein falsches Bild geben, als es sich um Konkurrenz von Eisenbahnen und Kanälen alten Stils und um verzwickte Privatspekulationen handelt. In ähnlicher Weise hatte Nördling seiner Zeit auf den bayerischen Ludwigskanal exemplifiziert, ohne zu erwähnen, daß in diesem Falle nur das Mittelstück einer Transitwasserstraße fertig war, der große Verkehr also ausbleiben mußte. Mit Recht sagt Boulé[1]):

„Dagegen hat die Schiffahrt die Konkurrenz der Eisenbahn nicht bestehen können in einzelnen Gegenden, wo man nur wenig zur Melioration der Flüsse gethan oder die letzteren ganz in ihrem natürlichen Zustande gelassen hat; es müßte aber erst noch dargethan werden, daß dieser örtliche Rückgang der Schiffahrt die konkurrierenden Eisenbahnen besser zur Blüte gebracht hat. Alle Wahrscheinlichkeit spricht dafür, daß man den allgemeinen Wohlstand gewisser Gegenden und dadurch auch den Eisenbahnverkehr derselben heben könnte, wenn man Flüsse kanalisieren wollte, auf denen ihres mangelhaften Zustandes wegen der Schiffsverkehr ganz eingegangen ist."

Die Überlegenheit der Schiffahrt macht sich nun um so mehr geltend, als dem Eisenbahnwesen bei uns eine systematische einheitliche Tarifreform fehlt. Es ist dadurch die von Maybach erstrebte Arbeitsteilung zwischen Schiffahrt und Eisenbahn nicht in der naturgemäßen Weise erreicht worden, vielmehr zieht die Schiffahrt z. Z. viele, insbesondere auch höherwertige Güter, welche naturgemäß dem Eisenbahntransport zufallen sollten, an sich, während die Eisenbahnen sich vielfach ohne Gewinn abmühen, der Schiffahrt Transporte zu entziehen. Ein Kritiker der Ulrich'schen Schrift Bergrat Gothein[2]) sagt in dieser Beziehung mit Recht:

„Das heutige Tarifsystem ist thatsächlich kein System mehr, sondern Systemlosigkeit, denn mehr als 50 Prozent der Güterfrachten werden

---

[1]) Boulé, Referat über Flußkanalisierungen beim Frankfurter Binnenschiffahrtskongreß 1888.
[2]) Protokoll des Zentralvereins f. d. Hebung. der deutschen Fluß- u. Kanal-Schiffahrt. Berlin, Februar 1894.

heutzutage zu Ausnahmstarifen gefahren¹). Es gibt, möchte ich sagen, keine bessere Kritik unseres Tarifsystems als diese Unmöglichkeit seiner Aufrechterhaltung. Es hat aber dieses System thatsächlich zu schweren wirtschaftlichen Schädigungen gewisser Gegenden einerseits, zur Wasserkopfbildung andererseits geführt; die Ausnahmetarife wurden immer blos dorthin gewährt, wo die Bahn ein wesentliches Konkurrenzinteresse hatte (in manchen Fällen spielen allerdings auch andere wirtschaftliche Gründe mit), so daß Diejenigen, welche Wasserstraßen gar nicht benützen können, auch keine Ausnahmetarife erhalten, in Folge dessen wirtschaftlich zurückbleiben müssen. In diesem Punkte kann man dem Geh. Rat Ulrich vollständig zustimmen; es ist gerade im Interesse der allgemeinen wirtschaftlichen Entwicklung, und da es nicht möglich ist, an alle Punkte mit Wasserstraßen zu kommen, dringend notwendig, daß wir unser Tarifsystem ändern. Es ist vor allen Dingen im eigensten finanziellen Interesse des Staates notwendig."

Ulrich ist der Ansicht, daß eine weitere, erhebliche Ermäßigung der regelmäßigen Tarife in der bisherigen Weise, also ohne ein einheitliches System von Staffeltarifen nicht mehr möglich ist.

Was nun ein deutsches Staffeltarifsystem anlangt, mit dessen einheitlicher Durchführung es wohl noch gute Weile hat, so wäre ein solches vom Standpunkte des Verkehrs natürlich nur wünschenswert, wenn damit nicht mehr wie bisher eine einseitige Begünstigung nur einzelner deutscher Gegenden und damit Schädigung anderer z. B. Bayerns verbunden ist. Es würden dadurch auch diejenigen Gegenden, welche nicht selbst eine Wasserstraße haben, zu billigeren Verkehrstarifen gelangen, und diese Gegenden sind ja sehr ausgedehnte Gebiete, namentlich bei uns in Süddeutschland. Die Wasserstraßen würden aber immer noch, wenn auch nicht mehr in dem Maße wie bisher, Vorzugsverkehrswege bleiben. Staatsminister Thielen sagte im preußischen Abgeordnetenhause am 28. Juni 1893: „Wir transportieren mit den Staffeltarifen immer noch mehrfach teuerer wie die Wasserstraßen." Die wünschenswerte Arbeitsteilung zwischen Schiffahrt und Eisenbahn würde sich nach Durchführung der Tarifreform naturgemäßer vollziehen. Streitschriften wie die Ulrichsche würden nicht mehr geschrieben werden.

Da wir den Ausgangspunkt der Ulrichschen Schrift verwerfen und der Ansicht sind, daß die Wasserstraßen im Massengüterverkehr ein leistungsfähigeres Verkehrsmittel sind als die Eisenbahnen, so kommen wir auch hinsichtlich der Alimentierung der Eisenbahnen durch die Wasserstraßen zu anderen Resultaten. Ulrich spricht nur von der Konkurrenz der Wasserstraßen und

---

[1] Bei den preußischen Eisenbahnen bewegen sich die Einheitssätze des regelmäßigen Tarifes zwischen 2,2 ₰ und 22 ₰ pro Tkm, die Ausnahmetarife gehen bei Kohlen auf 1,25 ₰, bei Getreide auf 2,5 ₰ herunter. Die Schiffahrt hat einen Stücktarif von 1—2 ₰ pro Tkm und für Massengüter einen Tarif bis herab zu 0,5 ₰.

der Eisenbahn, er vergißt aber, daß die Wasserstraße als das billigere Verkehrsmittel eine bedeutsame verkehrlösende Funktion ausübt, welche auch den Eisenbahnen zu Gute kommt. Wie erklärt es Ulrich, daß die Eisenbahnen in denjenigen deutschen Gegenden, welche ihre Wasserstraßen nicht entwickelt haben, also z. B. in Bayern, einen geringeren Güterverkehr haben, als die preußischen, elsaß-lothringischen u. a. Eisenbahnnetze? Richtig ist, daß infolge der Mangelhaftigkeit der Wasserstraßen in Bayern die Eisenbahnen die Güter durchschnittlich auf längere Strecken[1]) behalten, als dieß in Preußen der Fall ist, aber richtig ist auch, daß bei uns gerade infolgedessen eine sehr beträchtliche Masse von Gütern gar nicht in den Verkehr kommt, weil eben der lange Eisenbahntransport zu teuer ist. Durch Anschluß unserer Eisenbahnen an eine große Main-Donau-Wasserstraße würde der Güterverkehr der in diese Wasserstraße einmündenden Bahnen intensiver werden, und gerade diese Seitenbahnen sind Eisenbahnen, die sich zumeist schlechter rentieren als die Aschaffenburg-Passauer Eisenbahn und deren Verkehrsintensität noch sehr der Steigerung fähig ist. Dabei kommt die Eisenbahn durchaus nicht immer in die Lage, der Wasserstraße den „Rollfuhrmann" auf ganz kurze Strecken machen zu müssen, wie Ulrich schreibt, sondern es kommen, wie ein Blick auf die Karte zeigt, doch recht ansehnliche Seitenstrecken in Betracht. Man nehme den nordböhmischen Eisenbahnen die Elbeschiffahrt — glaubt man wirklich, daß dann genau derselbe Verkehr auf die Eisenbahn mit ihren höheren Tarifen übergehen wird? Ähnlich dient zur Zeit die österreichische Donaudampfschiffahrtsgesellschaft den bayerischen Eisenbahnen in Regensburg.

Wenn man die Erträgnisse der verschiedenen „Verkehre" der bayerischen Verkehrsstatistik (Beilage XIII 10 ff.) durchgeht, wird man verschiedene Richtungen finden, bei denen man eine Erhöhung des Verkehrs infolge des Ausbaues einer Main-Donau-Wasserstraße erwarten darf, und man wird sich schließlich sagen, daß in diesem Falle im Großen und Ganzen der bayerische Eisenbahnärar keinen Schaden, die bayer. Volkswirtschaft aber eminenten Nutzen haben wird.

Während wir diesen Standpunkt der Ulrichschen Schrift gegenüber festhalten, glauben wir in einem anderen, wichtigen Punkte der beregten Schrift, nämlich hinsichtlich der Frage der ungleichmäßigen Behandlung der Wasserstraßen und Eisenbahnen eine scharfe Unterscheidung von preußischen und bayerischen Verhältnissen fordern zu müssen. In unseren Nachbarstaaten haben schon seit mehr als 10 Jahren die Staatsregierungen bezw. die gesetzgebenden Faktoren eine ganz andere Stellung gegenüber der Entwicklung der Wasserstraßen eingenommen, als dies in Bayern der Fall war. v. Bötticher sagte auf dem III. Frankfurter Binnenschiffahrtskongreß (1888):

[1]) S. „Übersichtliche Zusammenstellung der wichtigsten Angaben der deutschen Eisenbahnstatistik". Berlin, Mittler u. Sohn. 1892.

„Meine Herren, in Deutschland ist das Bestreben nach Erweiterung und Vervollständigung des Wasserstraßennetzes ein lebhaftes und berechtigtes. Der Nutzen, welchen die Wasserstraßen unserem wirtschaftlichen Leben gewähren, wird, je länger, um so weniger verkannt; je länger, um so mehr sieht man ein, daß der alte Streit, ob Wasserstraße, ob Schienenwege vorzuziehen seien, ein müßiger ist. (Lebhafter Beifall.) Je länger, umsomehr bricht die sich Erkenntnis Bahn, daß jede Straße, wenn sie nur rationell in dem Verkehrsgebiet angelegt ist, für welches sie erfordert wird, ihren eigenen Nutzen ohne feindselige und verderbliche Konkurrenz für den andern Weg zu gewähren vermag."

Dr. Miquel sagte auf demselben Kongresse:

„Die Eisenbahnfragen, sowohl die wirtschaftlichen als auch die technischen, sind im großen ganzen gelöst, die meisten großen Eisenbahnlinien, die die größten Kapitalien erforderten, sind in den meisten Kulturländern fertig; es handelt sich nur noch um die Ergänzung und den weiteren allmählichen Ausbau auf gesicherten finanziellen und technischen Erfahrungen. Während des großen Aufschwungs des Eisenbahnbaues aber waren die Flüsse zu kurz gekommen; die Gründe kennen Sie alle. Jetzt kommen sie an die Reihe. Jetzt hat auch der Widerstand, den die Männer der Eisenbahn und vielfach auch die Regierungen leisteten, einerseits weil sie nicht in der Lage waren, gleichzeitig so große Verkehrsmittel zu verbessern und so große Kapitalien für beide Verkehrsmittel zu verwenden, andererseits wohl auch, weil sie glaubten, die Eisenbahnen könnten die Flüsse und Kanäle ersetzen — jetzt hat auch dieser Widerstand aufgehört; beide Teile erkennen sich als notwendige Glieder eines größeren Ganzen an."

Der preußische Minister Maybach erklärte schon zu Beginn seiner Amtsthätigkeit, daß die an ihn herantretenden Forderungen um Tarifermäßigungen bei den Bahnen alles Maß überstiegen und ihre Erfüllung weit über 100 Millionen ℳ. kosten würde. Dagegen wolle er Kanäle bauen und die alten Schiffahrtswege verbessern, damit der Wunsch nach billigeren Transporten erfüllt werden könne. Am 17. Mai 1888 sagte Maybach im preußischen Herrenhause:

„Wir wollen die Wohlfahrt des Landes befördern, wir wollen mit den Kanälen leisten, was wir mit den Eisenbahnen nicht leisten können. Nehmen Sie die Kanäle an, ich bin überzeugt, daß wir dadurch in den Eisenbahneinnahmen keinen Schaden von Bedeutung erleiden."

Die preuß. Regierung hat ihre Ansichten über Wasserstraßen am deutlichsten in der Denkschrift zum Gesetzentwurfe für den Dortmund-Ems-Kanal ausgesprochen. Da heißt es:

„Die prinzipiellen Gegner des Kanalbaues suchen ihre Einwendungen zunächst durch die Behauptung zu begründen, daß aus der Kanalanlage eine

Schädigung der finanziellen Ergebnisse der Staatsbahnen hervorgehen müsse. Dieser Besorgnis vermag die Staatsregierung eine entscheidende Bedeutung nicht beizulegen, weil es sich hier überwiegend einerseits um die Ermöglichung eines Exportes handelt, welcher bisher überhaupt nicht oder doch in verhältnismäßig geringem Umfange zu ermöglichen war, anderseits um Heranziehung von Importen, welche bisher gar nicht stattfanden. Nicht blos das Ausland, insbesondere Belgien, hat die Erfahrung gemacht, daß die Eisenbahneinnahmen durch das Wasserstraßennetz keine Einbuße erlitten, vielmehr eine stete Steigerung erfahren haben, ein Beweis, in wie belebender Wechselwirkung beide Verkehrsmittel zu einander stehen. Sollte aber der beabsichtigte Kanalbau auch wirklich einen dauernden Ausfall an den Eisenbahneinnahmen herbeiführen, so würde dieser Umstand doch keineswegs als ausschlaggebend angesehen werden können, da die Staatsregierung in Übereinstimmung mit der Landesvertretung in ihrer gesamten Verkehrspolitik die allgemeine wirtschaftliche Entwickelung des Landes in den Vordergrund stellt."

Bei den Beratungen über den Dortmund-Ems-Kanal im preußischen Abgeordnetenhause äußerte sich v. Bötticher wie folgt:

"Ein jeder neue Verkehrsweg enthält ein gewisses Risiko, wenn man nach Rentabilität fragt, aber es kann doch unmöglich die Absicht sein, bei allen Verkehrswegen eine direkte Rente zu erzielen, sondern es ist die Absicht, durch den neuen Verkehrsweg dem Verkehr neue Bahnen zu eröffnen und damit indirekt den Volkswohlstand zu heben."

Maybachs Nachfolger Thielen bemerkte bereits einige Tage nach seinem Amtsantritt (5. VII. 91) "Die Entwicklung des Verkehrs hängt nicht allein von der Eisenbahn, sondern auch von der ebenbürtigen Schwester derselben, der Wasserstraße ab.[1]"

Auf den letzten Binnenschiffahrtskongressen in Manchester und Paris äußerte sich eine Reihe von Regierungsvertretern sehr entschieden für Entwicklung der Wasserstraßen. Der Führer der deutschen offiziellen Vertreter beim Pariser Kongreß Ministerialdirektor Schulz führte u. a. aus, "Deutschland sei zum ersten Mal offiziell bei einem Binnenschiffahrtskongresse vertreten, werde aber in Anbetracht der Erfolge der bisherigen Kongresse, wie er nicht bezweifle, fortan bei allen Kongressen vertreten sein. Die Regierungen seien bestrebt, das wieder gut zu machen, was auf dem Gebiet der Binnenschiffahrt so oft vernachlässigt wurde, den Schatz zu nützen, der in den Wasserstraßen liege und ihn im allgemeinen Interesse zu verwerten. Hiebei würden die Regierungen durch Vereine unterstützt, welche mit Eifer und Beharrlichkeit (ferveur et constance) bemüht seien, das Interesse des Volkes an der Binnenschiffahrt zu wecken und auszubreiten und auf die durch die Regierungen

---

[1] Vergleiche Jahresbericht des Kanalvereins für Niedersachsen 1892.

erzielten Erfolge hinzuweisen." Hicks-Beach, der frühere englische Handelsminister, sagte auf dem Binnenschiffahrtskongresse zu Manchester, daß die Entwicklung der Kanäle nicht blos für das Allgemeine und für den Handel, sondern auch für die Eisenbahnen äußerst günstig wäre. Ein Entgegenwirken der Eisenbahnen nannte Hicks-Beach ein „kurzsichtiges Gebaren". Am weitesten ging der frühere französische Bautenminister Yves Guyot, der darauf hinwies, daß Frankreich seinen Wohlstand zum großen Theile den 23 000 Kilometer natürlichen und künstlichen Wasserstraßen verdanke und daß die darauf verwendeten Millionen sich durch Erhöhung des Nationalreichtumes bezahlt machten.

Dies alles trifft nicht für Bayern zu. Die Wasserstraßen tragen im rechtsrheinischen Bayern z. Zt. nur in ganz minimaler Weise „zur Erhöhung des Nationalreichtums" bei, und die Stellung der gesetzgebenden Faktoren in Bayern war bislang einer entschiedenen, natürlich auch entsprechende Aufwände verursachenden Förderung der bayerischen Wasserstraßen nicht günstig. Wenn Ulrich von der „Aschenbrödel"-Rolle der Eisenbahnen in Preußen spricht, so können wir umgekehrt die Binnenschiffahrt das „Aschenbrödel" in unserem Verkehrswesen nennen und im Hinblick auf die beiden Extreme an den Satz erinnern: „in medio tutissimus ibis". Wir haben kein gebührenfreies Kanalnetz in Bayern, unser einziger rechtsrheinischer Kanal, der Ludwigskanal, hat so hohe Gebühren, wie wohl wenige andere Kanäle in Europa[1]), sein Verkehr leidet auch dadurch, wie noch aus anderen Gründen — ich erinnere an die alte Brücke, das steinerne Stapelrecht der Stadt Regensburg — an chronischer Auszehrung. Die Ausführungen Ulrich's erhalten dadurch für uns eine ganz andere Bedeutung. Ulrich sagt im Hinblick auf den Ausbau des preußischen Wasserstraßennetzes:

„Wenn in diesem Konkurrenzkampfe einzelne Industriebezirke nun vom Staat eine Wasserstraße geschenkt bekommen, die in der Weise verwaltet wird, daß sie ihnen wie eine Chaussee zu kostenlosem Gebrauche übergeben wird, während andere Industriebezirke bei den Eisenbahntransporten nicht nur die Unterhaltungskosten, sondern auch noch 6 Proz. Zinsen aufbringen müssen, dann wird ein Industriebezirk, der nicht an der Wasserstraße liegt, einfach konkurrenzunfähig und geht schließlich zu Grunde. Was ich von ganzen Industriebezirken gesagt habe, trifft auch für einzelne Industrien und industrielle Etablissements zu. Denn alle diejenigen, welche in der Lage sind, einen leistungsfähigen Wasserweg mit den auf Staatskosten verbilligten Frachten als Verkehrsweg zu benutzen, haben vor denjenigen, welchen nur der Eisenbahnweg mit den künstlich hoch gehaltenen Frachten zu gebote steht, einen derartigen Vorsprung, daß ein Wettbewerb der letzteren kaum möglich ist.

---

[1]) Vergleiche Symphers Referat beim Pariser Binnenschiffahrtskongreß.

Wer Augen hat zu sehen, der vergleiche nur die Entwicklung derjenigen Landesteile und Städte, welchen leistungsfähige Wasserwege zu gebote stehen, der Städte am Rhein und der Elbe, mit anderen Landesteilen und Städten, welchen keine solchen Wasserwege zu gebote stehen."

Daß diese Sätze des Geheimrats Ulrich, des langjährigen Tarifdezernenten im preußischen Ministerium der öffentlichen Arbeiten, des angesehensten Fachschriftstellers auf dem Gebiete des Tarifwesens in Deutschland — eines Mannes also, der doch wissen muß, wie Frachttarife im volkswirtschaftlichen Leben wirken — durch unsere bayerischen Wasserstraßenverhältnisse und im Hinblick auf die Konkurrenzfähigkeit der bayerischen Industrie gegenüber der norddeutschen ein ganz anderes Relief bekommen, läßt sich kaum bestreiten. Von der Schädigung Bayerns durch die einseitige Einführung der Staffeltarife in Norddeutschland sprach alle Welt, von der weit bedeutenderen Schädigung Bayerns, die in dem Falle, daß die norddeutsche Wasserstraßenpolitik „einseitig" bleibt und nicht auch von uns nachgeahmt wird, unzweifelhaft eintreten muß, hört man viel seltener sprechen. Ulrich sagt auch gelegentlich, bei der Frage, ob man die Staatseisenbahnen zu viel anpresse und den Wasserstraßen zu viel zuwende, handle es sich schließlich um „Ressort-Schmerzen, welche nicht in Betracht kommen können gegenüber den allgemeinen Interessen des Staates" und untersucht dann folgerichtig, ob vom volkswirtschaftlichen Gesichtspunkte aus die einseitige Bevorzugung der Wasserstraßen vor den Eisenbahnen zu empfehlen ist.

Was wir in Bayern erstreben, ist nicht eine einseitige Bevorzugung der Wasserstraßen, sondern eine rationelle Einreihung der Wasserverkehrsstraßen in das gesamte Verkehrsnetz. Der Eisenbahnärar soll kein Staat im Staate sein. Es soll den Wasserstraßen gegeben werden, was den Wasserstraßen gehört, und den Eisenbahnen, was diesen naturgemäß sich zuwendet. Es soll derjenige Verkehrsweg gewählt werden, der wirtschaftlich vorteilhafter ist. Man soll bei einer Einbuße eines anderen staatlichen Verkehrsweges auch die Vorteile gegenbuchen, die dem Ärar auf anderen Gebieten z. B. im Forstwesen wieder zukommen. Es sollen auch die Wasserstraßen „liebevoll" in das Verkehrsnetz aufgenommen werden und von dem gesamten Verkehrsnetz als einem Ganzen auf die Dauer eine entsprechende Rente systematisch zu erreichen gesucht werden.

Ulrichs Liebe erstreckt sich nur auf das Eisenbahnnetz, das im Gegensatz steht zu den Wasserstraßen, von denen er nur die geziemende Achtung hat. Er läßt die unrentierlichen Nebenbahnen gelten, weil sie zum „Netz", d. h. bei ihm zum Eisenbahnnetz gehören, er schreibt eben als Eisenbahnfachmann. Der Staatsmann wird auch bei einer Wasserstraße unter Umständen auf Rentabilität verzichten, weil sie zum Gesamtnetz gehört. Andererseits werden die norddeutschen Wasserstraßeninteressenten sich an den Gedanken gewöhnen müssen, daß man bei neuen Wasserstraßen und event. auch bei den schon bestehenden Kanälen mehr als bisher auf eine Verzinsung aus Gebühren sieht. Den Eisenbahnen wird allezeit ein großes Feld im Verkehrswesen bleiben. Sollten aber die Wasserstraßen wirklich immer mehr die Hauptarterien des Güterverkehrs werden, so wird man das doch mit kleinlichen Mitteln nicht verhindern können. Mit der Modifikation, daß bei uns in Bayern die Schiffahrt, also das unserer Ansicht nach billigere und insofern leistungsfähigere Güterverkehrsmittel durch die Eisenbahnen niedergehalten wurde, daß also Ulrichs Worte bei uns gerade den entgegengesetzten Sinn als den beabsichtigten erhalten, unterschreiben wir jeden Satz der nachfolgenden Ausführungen Ulrichs:

„Wenn in dieser Weise (nach Durchführung der Tarifreform) ein auch für die Entwickelung beider Verkehrsmittel vorteilhafter Wettbewerb zwischen Staatswasserwegen und Staatseisenbahnen auf annähernd gleichen Grundlagen ermöglicht ist, wird sich zeigen, welches dieser Verkehrsmittel in jedem Fall das wirtschaftlich nützlichste und beste ist, welches dem Lande im Ganzen wie den Einzelinteressen in Wirklichkeit die größten Vorteile sichert. Ein solcher gesunder Wettbewerb wird der ganzen deutschen Volkswirtschaft hohen Nutzen bringen, während der jetzige Zustand, wo auf Kosten der Allgemeinheit die Leistungen des einen Verkehrsmittels künstlich über seine Leistungsfähigkeit hinausgehoben, die Leistungen der anderen an sich vollkommeneren Verkehrsmittel künstlich herabgedrückt werden, eine Unwahrheit und Täuschung über den wirtschaftlichen Wert der beiden Verkehrsmittel und eine Ungleichheit in den wirtschaftlichen Entwickelungsbedingungen der verschiedenen Orte und Landesteile Deutschlands hervorruft, welche auf die Dauer zu schweren Schäden für Staat und Volk führen muß."

Nachdem wir nun die in jeder Beziehung interessante und fesselnde Schrift Ulrichs vom bayerischen Standpunkte aus beleuchtet haben, müssen wir hervorheben, daß die preußischen Verhältnisse, gegen welche sich Ulrich wendet, anders gelagert sind und ihm einzelne Angriffspunkte boten. Wenn aber Ulrich soweit geht, am liebsten auch wieder Flußzölle für die Flußregulierungen einzuführen, so muß das einen, der wie Schreiber dieses das alte Flußzollsystem der glücklich verflossenen Verkehrsepoche einigermaßen kennt und ahnen kann, welche Mißbräuche damit gerade in einem Bundesstaate wie Deutschland getrieben werden könnten, arg verwundern. Wenn man Ulrichs Ausführungen, welche die Meliorationsbedeutung der Flußregulierung gar nicht zur Geltung bringen, liest, möchte man geradezu die Frage aufwerfen, warum nicht auch die Weinbauern am Rheine gleich den Schiffern Rheinzölle entrichten sollen, weil ihnen der Strom so wohlthätig ist, da sie Nebel aus demselben entnehmen. Ein Widerspruch in Ulrichs Schrift ist es auch, daß bei der Vertheidigung der Staffeltarife mit sehr bemerkenswerten Worten die "greisenhafte Furcht" unseres Zeitalters vor Verschiebungen im wirtschaftlichen Leben getadelt wird, späterhin aber die Landwirtschaft auf die billigen Frachten, mit welchen die Schiffe das konkurrierende Getreide bringen, sehr entschieden aufmerksam gemacht wird. Sollte da nicht auch etwas "greisenhafte Furcht" spuken, sollte nicht auch in der ganzen pessimistischen Darstellung der Lage und der Zukunft der Eisenbahnen eine Spur von diesem fin de siècle-Gespenst zu entdecken sein?

Die bezüglichen Ausführungen Ulrichs über die greisenhafte Furcht unseres Zeitalters vor wirtschaftlichen Verschiebungen lauten:

"Will man also wirtschaftliche Verschiebungen ausschließen, so darf man überhaupt keine Tarifermäßigungen mehr gewähren. Es wiederholt sich bei Tarifermäßigungen eben in kleinerem Maßstabe derselbe Vorgang, welcher bei dem Ausbau des Eisenbahnnetzes im großen Maßstabe stattgefunden hat und noch jetzt bei Eröffnung einer jeden Eisenbahnlinie, eines jeden neuen Wasserweges für die betreffende Gegend eintritt: die Absatzgebiete werden erweitert und ausgedehnt. Und doch, wer wollte die Eisenbahnen, die Wasserwege wegen dieser durch sie herbeigeführten wirtschaftlichen Verschiebungen und der hier und da diesem und jenem entstehenden wirtschaftlichen Nachteile entbehren? Bemühen sich nicht im Gegenteil alle Orte und Landesteile, welche noch keine Eisenbahnen besitzen, um Anschluß an das große Eisenbahnnetz ohne Rücksicht auf die hierdurch eintretenden wirtschaftlichen Verschiebungen, in der richtigen Erkenntnis, daß die Vorteile der Transportverbilligung ihre Nachteile bei weitem überwiegen? Es ist auch ganz unrichtig und zeugt von kleinmütiger Gesinnung, immer nur an den entstehenden Mitbewerb zu denken und nicht an die großen Vorteile, welche eine jede Transportverbilligung nicht nur für den Absatz der fertigen Fabrikate, sondern vor allem für den Bezug und Absatz der schweren massenhaften Rohprodukte, vieler bisher brach liegender Naturschätze gewährt. Ohne wirtschaftliche Verschiebungen gibt es eben keinen wirtschaftlichen Fortschritt, und es ist hohe Zeit, daß die greisenhafte Furcht vor wirtschaftlichen Verschiebungen, welche leider in den Eisenbahnräten eine so große Rolle spielt und auch auf unsere Eisenbahntarifpolitik schon seit langem lähmend einwirkt, ein Ende nimmt. Wirtschaftliche Verschiebungen gibt es fortwährend im wirtschaftlichen Leben, ohne dieselben wäre das wirtschaftliche Leben tobt und würde in Erstarrung fallen. Jede Gründung einer neuen Fabrik, jede Eröffnung eines neuen Bergwerks, jeder neue Verkehrsweg, jede neue Erfindung schafft unzählige wirtschaftliche Verschiebungen, und nicht nur etwa dann, wenn sich diese Ereignisse im Inlande vollziehen, sondern nicht minder wichtige Verschiebungen werden durch ähnliche Vorkommnisse im Ausland, in fernen Ländern, herbeigeführt. —

Und so berechtigt Schutzzölle zum Schutze der inländischen Industrie und Landwirtschaft sein mögen, so können wir uns doch im Zeitalter der Eisenbahnen und Dampfschiffe nicht mit einer chinesischen Mauer umgeben, und wenn wir es thäten, würde es nicht verhindern, daß trotzdem fortwährend derartige wirtschaftliche Umwälzungen und Verschiebungen sich fühlbar machten.

Nur darauf kommt es an, und das muß mit aller Macht erstrebt werden, d'aß wir in unserer wirtschaftlichen Entwickelung nicht hinter dem Auslande zurückbleiben, daß wir die wirtschaftlichen Kräfte unseres Vaterlandes möglichst ausnützen und entfesseln, damit wir den Wettbewerb im Inland und Ausland siegreich bestehen können. — — Will man auch noch im Inland derartige wirtschaftliche Schranken um jeden einzelnen Landesteil ziehen und aus Furcht vor Wettbewerb und wirtschaftlichen Verschiebungen jede Transportverbilligung hintanhalten, so ist dies derselbe kleinliche Standpunkt, auf welchem die Gegner des Zollvereins seiner Zeit standen, als sie mit ähnlichen Gründen die Aufrechterhaltung der bestehenden Binnenzölle für jedes kleine Fürstentum für notwendig erklärten und die deutsche Zolleinigung bekämpften. Eine derartige Wirtschaftspolitik würde verhängnisvoll für Deutschland werden, sie würde die wirtschaftliche Entwickelung hemmen und die Fortschritte verhindern, welche erfahrungsgemäß der wirtschaftliche Wettbewerb hervorruft; sie würde endlich die wünschenswerte wirtschaftliche Verschmelzung Nord- und Süddeutschlands hintanhalten, auf welche gerade in den jetzigen Zeiten Wert zu legen wir soviel Ursache haben."

Ein Schriftsteller, der diese Sätze schreibt, ist kein prinzipieller Gegner des Kanalbaues. Ulrich legt nur den Schwerpunkt auf Rentabilität und sorgfältige vorherige Prüfung der wirtschaftlichen Seite eines Kanalprojekts. Selbst Ulrich würde niemals gegen das Postulat der bayerischen Regierung von 100000 ℳ für die Prüfung des Main-Donaukanalprojektes sprechen. Ulrich hat in seinen wesentlichsten Forderungen einen Vorläufer in dem k. preußischen Regierungsrat Heuser[1]), der vor 15 Jahren das Ergebnis seiner Darlegungen in folgende Sätze zusammenfaßte:

„Nachdem für Preußen die Durchführung des Staatsbahnsystems beschlossene Sache geworden ist, erscheint es rationell, daß der Staat das gesamte Netz der Eisenbahnen und Kanäle in seiner Hand vereinigt und das ganze Anlagekapital derselben planmäßig amortisiert. Unter dieser Voraussetzung kann auch der Bau neuer Kanäle als empfehlenswert bezeichnet werden, denn wenn gleich von denselben nicht sofort wesentlich billigere Tarife

---

[1]) Kanäle und Eisenbahnen in ihrer wirtschaftlichen Bedeutung von Karl. Berlin 1880.

auch auf den Eisenbahnen bei gleichen Verkehrsmengen erreichbar, zu erwarten sind, so wird doch dadurch dem Lande für die fernere Zukunft der Vorteil der denkbar billigsten Gütertarife und damit eine eminente und höchst wünschenswerte Steigerung seiner Konkurrenzfähigkeit auf dem in- und ausländischen Markte gesichert!

2. Binnenschiffahrt und Nationalvermögen in Bayern.

Nach einer Tabelle Symphers stellt sich der jährliche Verkehr auf den größten norddeutschen Flüssen und Strömen zur Zeit wie folgt dar:

			Netto Tonnen-Kilometer	Kilometrischer Verkehr
Rhein	566	Kilometer	1 587 000 000	2 800 000
Elbe	615	„	1 298 000 000	2 100 000
Oder	656	„	366 000 000	550 000
Weichsel	247	„	123 000 000	550 000
Memel	185	„	101 000 000	550 000
Weser	366	„	40 000 000	10 000

Das Verhältnis zwischen Eisenbahnen und Binnenschiffahrt, der neuerliche stetige Aufschwung der deutschen Binnenschiffahrt neben der Entwicklung der Eisenbahn in den letzten 20 Jahren stellt sich nach auf amtlichen statistischen Unterlagen gestützten Ermittelungen[1] im deutschen Reichsgebiete zahlenmäßig wie folgt dar:

Jahr.	Eisenbahnen		Binnenschiffahrt	
	Länge in Kilometern	Beförderte Tonnen	Länge in Kilometern	Beförderte Tonnen
1875	26 000	167 000 000	9 000	19 600 000
1885	37 000	200 000 000	9 000	27 600 000
1890	45 413	217 750 000	10 000	40 000 000

[1] Protokolle des Zentralvereins für die Hebung der deutschen Fluß- und Kanalschiffahrt in Berlin September 1892.

Jahr	Gesamtmenge beider Verkehrswege	Antheil am Gesamt- verkehr nach Proz.		Bauliche Aufwendungen Ende 1889	
		der Eisen- bahnen	der Binnen- schiffahrt	für die Eisenbahnen ℳ	für die Binnen- schiffahrt ℳ
1875	186 000 000	90	10	—	—
1885	227 600 000	88	12	—	—
1890	258 000 000	84	16	10 213 943 000	500 000 000

Dabei ist zu bedenken, daß der Anteil Süddeutschlands an dem Wasserstraßenverkehr noch sehr gering ist. Auf den Eisenbahnen hat jede Tonne Gut im Durchschnitt 102 Kilometer durchlaufen, bei der Schiffahrt kann mindestens das zweifache gerechnet werden, so daß ein Verhältnis zu den durchlaufenen Tonnen-Kilometern der Anteil der Binnenschiffahrt ein wesentlich höherer ist. Nach Sympher[1]) stellte sich der kilometrische Güterverkehr im Jahre 1875 auf 290 000 Tonnen bei den deutschen Wasserstraßen und 410 000 Tonnen bei den deutschen Eisenbahnen; im Jahre 1885 auf 480 000 Tonnen bei den Wasserstraßen und 450 000 Tonnen bei den Eisenbahnen. Die durchschnittliche Transportlänge betrug: 1875 125 Kilometer bei den Eisenbahnen gegen 280 Kilometer auf den Wasserstraßen, 1885 166 Kilometer bei den Eisenbahnen gegen 350 Kilometer auf den Wasserstraßen. Aus diesen Zahlenangaben ergiebt sich auch der Schluß, daß, während der Verkehr auf den deutschen Wasserstraßen in erheblichem Maße gestiegen, derselbe auf den Eisenbahnen nicht zurückgegangen ist, vielmehr ebenfalls nicht unwesentlich zugenommen hat. Es hat also die billigere Verfrachtung auf den Wasserstraßen eine wesentliche Vermehrung der Gesamttransportmengen erzeugt, ohne daß die Eisenbahnen benachteiligt wurden. Bayern ist nach Symphers die deutsche Wasserstraßenverkehrsstatistik verarbeitender Schrift der einzige Staat in Deutschland, in welchem von 1875—1885 kontinuirlich die Schifffahrt auf allen Wasserstraßen im Abnehmen begriffen ist. Seit dem Jahre 1885 bis heute ist der Verkehr auf den leistungsfähigen Wasserstraßen abermals bedeutend gestiegen, auf der Oder und Weser um das Vierfache, auf der Elbe und dem Rheine um 70 Proz., dagegen auf unzureichenden Flüssen und Kanälen, besonders in Bayern und Elsaß-Lothringen, weiter zurückgegangen. Der Verkehr auf der Oder bei Breslau hat sich beispielsweise von 3 Millionen Zentnern 1881 auf 24,8 Millionen 1889 gehoben. Während

---

[1]) „Der Verkehr auf deutschen Wasserstraßen in den Jahren 1875 u. 1885." Berlin 1891.

dort 1881 noch die 3000 Zentner-Schiffe als die größten galten, sind jetzt 8000 Zentner-Schiffe und größere allgemein.[1]) Nach Ulrich[2]) hat sich von 1873—1891 der deutsche Binnenschiffahrts-Verkehr um 300 Proz. gehoben. Der Eisenbahn-Verkehr in derselben Zeit um 90 Proz., „obwohl sich das Eisenbahnnetz während dieser Zeit um 77 Proz. vergrößert hat, wogegen das Wasserstraßennetz in derselben Zeit nur eine unbedeutende Zunahme erfahren hat".

Am Maine war früher ein reiches, blühendes Mainschiffer-Gewerbe, das auf bayerischem Gebiete noch im Jahre 1853 allein seitens der privilegierten Schiffer 110 große Segel- und Güterschiffe von 3—6000 Zentner im Kapitalwerte von 350400 fl. und mit den Lichter- und Anhängeschiffen einen Kapitalswert von 581000 fl. aufwies[3]), mit den nicht privilegierten Lokalschiffen zusammen aber ein Kapital von einigen Millionen Mark repräsentierte. Dieses Mainschiffer-Gewerbe verlor aber bereits bis zum Jahre 1872 trotz numerischer Vermehrung der kleineren Schiffe um 700000 ℳ an Kapitalwert und ist seitdem auf einen in der Geschichte der Mainschiffahrt uns sonst nicht bekannten Tiefpunkt gesunken. Einige Belebung kam neuerdings in die bayerische Mainschiffahrt, aber nicht aus Bayern, sondern von einer auswärtigen Gesellschaft, der „Mainkette" in Mainz. Analog ist der Rückgang der bayerischen Donau- und Innschiffahrt.[4]) Durch den Niedergang der bayerischen Donau-Schiffahrt wurde ebenso wie am Maine das ehemals bedeutende bayerische Donau-Schiffergewerbe ruinirt. Hätten wir die österreichische Donau-Dampfschiffahrts Gesellschaft nicht, so wäre auch unsere Donau verödet.

Im „Danubius" vom November 1892 lesen wir: „Es sei uns gestattet daran zu erinnern, daß der Ulmer Schifferverein, der in früheren Zeiten aus einigen 60 Mitgliedern bestand, deren Schiffe die obere Donau belebten gegenwärtig durch ein einziges Mitglied (E. Heilbronner) repräsentiert wird, und daß die Fahrzeuge der einzigen bayerischen Schiffahrts-Gesellschaft (Süddeutsche Donau-Dampfschiffahrts-Gesellschaft in Deggendorf) zwischen Budapest und Wien verkehren. Die aufblühende Ruderschiffahrt auf der oberen Donau ist vernichtet, mit ihrem Verderben steht der Rückgang der bayerischen Donaustädte in unmittelbarem Zusammenhange." Die bayerische Pfalz hat keinen entsprechenden Anteil an der Rheinschiffahrt, die Ludwigs-

---

[1]) „Wettbewerb um Entwürfe für ein Segel- oder Lastschiff." Berlin 1893. Ernst & Sohn.

[2]) „Staffeltarife und Wasserstraßen" 1894.

[3]) Aus der Denkschrift „Die Einführung der Kettenschleppschiffahrt auf dem Maine" vom Mainschiffer-Komité Aschaffenburg, Herzog 1879.

[4]) Ueber die letztere vergl. „Bayerische Handelszeitung" 1892 Nr. 80; der Inn war früher bis Hall befahren. Selbst Raab und Vils ab Amberg hatten im 18. Jahrhundert eine regelmäßige Schiffahrt mit Bayern und Oesterreich.

kanalschiffahrt vegetirt nur noch, die kleineren bayerischen Wasserstraßen sind total verödet. Man kann nicht pessimistisch genannt werden, wenn man den durch den Niedergang der Schiffahrt auf allen bayerischen Wasserstraßen seit 30 Jahren erwachsenen Verlust an Nationalvermögen auf 100 Millionen Mark berechnet, wobei wir die Entwertung des im Ludwigskanal steckenden Kapitals gar nicht in Ansatz bringen wollen, obwohl dieselbe fast allein auf die mangelhafte Entwickelung der anschließenden Main- und Donau-Schiffahrt zurückzuführen ist. Solche Posten müssen den Betriebsergebnissen der Eisenbahnen gegengebucht werden.

Nun pflegt man allerdings einzuwenden, daß das Schiffergewerbe, dessen Rückgang in ganz Bayern an sich schon einen Verlust an Nationalvermögen von 6 bis 10 Millionen Mark bedeutet, an der modernen Förderung der Binnenschiffahrt gar kein Interesse habe; durch Kanalisierung des Maines z. B. gehe bei der Schiffahrt die nützliche Strömung verloren, die kleineren Schiffe würden gänzlich unbrauchbar u. s. w. Was die Verzögerung der Thalfahrt bei Kanalisation betrifft, so steht dieser die Beförderung der Bergfahrt gegenüber, und daß dieses Moment wichtiger ist als das erstere, haben die Mainschiffer selbst in einer bei der Untermain-Kanalisierung abgegebenen und in der Denkschrift der Frankfurter Handelskammer (1879) abgedruckten Erklärung mit folgenden Worten ausgesprochen: „Der Umstand, daß die Stromgeschwindigkeit auf der projektierten Strecke verringert werden wird, ermöglicht der Schifferei eine billigere Bergfahrt und werden namentlich durch die Aufhebung des Maingefälles, die der Schiffahrt häufig sehr hinderlichen Untiefen von Sandablagerungen vermieden werden. Wir erachten diesen Vorteil für bei weitem wichtiger als den Nachteil, welcher aus dem durch das Durchschleußen der Schiffe entstehenden kleinen Aufenthalt und aus der wegen verminderter Stromgeschwindigkeit für die Thalfahrt entstehenden ermäßigten Fahrgeschwindigkeit sich ergeben dürfte. Wir können daher das Projekt nur freudig begrüßen und sprechen unsere Überzeugung aus, daß dasselbe dem Interesse der ganzen Mainschiffahrt und des Handels aller Mainstädte entspricht. Daher wir die Forderung und Ausführung obigen Projektes für wünschenswert und sehr nützlich erklären." Die von Miltenberg aus verbreitete Flugschrift: „Kanalisation oder Korrektion des Maines" (Volkhard'sche Druckerei, Miltenberg), welche einen entgegengesetzten Standpunkt einnimmt, ist ersichtlich von der Furcht eingegeben, daß durch die Voranstellung der Weiterführung der Mainkanalisierung die Weiterlegung der Kette verzögert werde. Was die kleinen, oder richtiger gesagt, mittelgroßen Schiffe anlangt, so ist es ja richtig, daß bei Großschiffahrt die ganz großen Schiffe in den Vordergrund treten, deshalb haben aber auch mittelgroße Schiffe noch ihre Bedeutung und verschwinden nicht so rasch. Insbesondere für den Lokalverkehr bleibt auch den kleineren und mittleren Schiffen noch ihre Bedeutung. Ein Schiff von mittlerer Tragfähigkeit kann dabei manchmal eine für den Schiffer gewinnbringendere Fahrt machen als ein Schiff von sehr großer Tragfähigkeit, wie solche für Massengüter, z. B. Steinkohlen, unbedingt notwendig ist. Nicht jedes Schiff eignet sich für jede Ladung. Von Bedeutung ist z. B., daß eine Art Güter mehr Laderaum braucht, die andere mehr Tragfähigkeit. Für 8000 Zentner ist ein Laderaum erforderlich bei Bruchsteinen von 200 Kubikmeter, bei Oberschlesischer Kohle von 490 Kubikmeter, bei Mehl 500 Kubikmeter, bei Roggen 570 Kubikmeter (s. „Wettbewerb für ein Oderlastschiff" a. a. O.). Die Schiffer können, wenn es nötig wird, mit der Zeit auf genossenschaftlichem Wege zur Anschaffung größerer Fahrzeuge übergehen. Die Fortschreitung der Mainkanalisation ist ja nur eine ganz allmälige. Alle z. Zt. an der Schiffahrt Beteiligten finden auf alle Fälle guten Verdienst irgend welcher Art bei einer künftigen Blüte der Großschiffahrt in Bayern, wobei ja wohl auch an einheimische, in Bayern stationierte Unternehmungen gedacht werden kann. Hinsichtlich des Verdienstes gilt Gleiches von dem Flößergewerbe, wenn dasselbe infolge der Mainkanalisierung die bisherige Betriebsart im Holzflößen aufgeben und einer intensiveren Betriebsart, der Großflößerei sich zuwenden muß. Bei der vom Vereine für Hebung der Fluß= und Kanalschiffahrt in Bayern veranstalteten Floßprobefahrt auf dem kanalisierten Maine haben sich sämtliche anwesende Flößereiinteressenten in sehr konzilianter Weise ausgesprochen und den Schwerpunkt ihrer Wünsche auf eine möglichste Berücksichtigung ihrer Interessen bei den Bauten zur Mainkanalisierung gelegt. Nachträglich scheint den einen oder anderen der beteiligten Herren dieses Entgegenkommen wieder gereut zu haben, wie sich aus einer gegen den Bericht über jene Fahrt sich wendenden Polemik im „Anzeiger für den Forstproduktenverkehr" Nr. 6 vom 18. Januar 1894 und in der Flugschrift „Zur Frage der Mainkanalisierung", Kronach 1893, ergibt.

Zu der Schädigung des Schiffergewerbes durch die mangelhafte Entwickelung unserer Wasserstraßen kommen aber die noch weit wichtigeren, leider nicht ziffermäßig im Detail berechenbaren Schädigungen des Handels und der Industrie, welche seit Jahrzehnten in Bayern das Vorzugsverkehrsmittel der Schiffahrt, und die billigen Frachten, entbehren.

Diese Schädigungen sind teils direkte, namentlich in den kleineren, am Main und der Donau gelegenen Städten — Wegzug von Engros=Geschäften, Niedergang von Fabrikbetrieben und Übersiedlung der Betriebsamkeit in die großen Zentren des Handels und der Industrie, teils indirekte oder negative: Stagnation. Zurückbleiben von Städten und Landstrichen gegenüber dem gewaltigen wirtschaftlichen Fortschritt, der in den letzten Jahrzehnten allgemein ersichtlich ist. Es ist ganz verfehlt, zu sagen, die Frachtverbilligung komme nur einigen wenigen Kaufleuten zu gute; die Erfahrungen, die man mit der Untermainkanalisation in Frankfurt gemacht hat, ergeben klar, daß die Frachtverbilligung beim Engros-Einkauf meistens ganz und beim Detaileinkauf fast ganz den Konsumenten zu Gute kommen. Der Handel gewinnt dagegen durch die Erweiterung seines Absatzes. Das Frachtenkonto spielt aber überall herein, beim Handelsgeschäft, wie beim Fabrikbetrieb, im Haushalte, beim Gemeindeetat, wie bei der Lebenslage der Arbeiter. Es ist doch wahrlich von Bedeutung, wenn z. B. der Dresdener das Petroleum per Schiff zu 6 ℳ pro Tonne, statt zu 28,8 ℳ per Eisenbahn von Hamburg geliefert erhält, wenn der Baumeister in Frankfurt jetzt nach der Untermainkanalisierung 1000 Stück Backsteine von Speyer bis Frankfurt für 5 ℳ 75 ₰ bezieht, während er früher 10 ℳ 85 ₰ zahlen mußte u. s w. Kann man die Wasserstraßenfrage für die volkswirtschaftliche Hebung eines Landes für irrelevant halten, wenn man erwägt, daß in Preußen auf einen für die Wasserstraßen gemachten Bauaufwand von 52 000 000 ℳ eine Frachtersparnis von 141 000 000 ℳ (!) in einer zehnjährigen Betriebsperiode berechnet worden. Wohin kommen diese 141 Millionen? In die Taschen der Bürger und daraus auch in einem geziemenden Anteil an den Fiskus. Wenden wir die Ergebnisse des preußischen Fachmannes auf unsere Verhältnisse an, so müssen wir sagen, daß wir durch einen Mehraufwand von 50 Millionen Mark für die Wasserstraßen in dem letzten Jahrzehnt wohl auch um einen jener Summe von 141 Millionen Mark adäquaten Betrag unser Nationalvermögen vermehrt hätten, durch die mangelhafte Entwicklung der Wasserstraßen dagegen um einen adäquaten Betrag geschädigt wurden. Nach einer Denkschrift des deutschen Zentralvereines für die Hebung der deutschen Fluß- und Kanalschiffahrt über die Berliner Mühldammbrücke (31. Mai 1891) hat die in den Jahren 1880—1888 vom Staate bethätigte Verbesserung des Berliner Wasserstraßennetzes den Berliner Konsumenten einen direkten wirtschaftlichen Vorteil von 40 Millionen Mark verschafft. Nehmen wir nun an, es würden behufs besserer Verzinsung des Anlagekapitals — eine solche hat die Bewegung für Hebung der Fluß- und Kanalschiffahrt in Bayern, einigermaßen im Gegensatze zu der preußischen Bewegung von Anfang an stets ins Auge gefaßt — höhere Gebühren erhoben worden sein und der Vorteil nur 20 bis 30 Mill. Mark betragen, so ist auch das noch eine bedeutende Erhöhung des Nationalreichtums. Haben wir zu viel gesagt, wenn wir die Schädigung des bayer. Nationalvermögens in Folge der mangelhaften Entwickelung der Wasserstraßen in den letzten 30 Jahren auf 100 Millionen Mark veranschlagt haben? Auch dieser Posten wolle dem als organischer Bestandteil der gesamten Staatswirtschaft aufgefaßten Eisenbahnärar gegengebucht und überdies noch die Thatsache in Erwägung gezogen werden, daß der Eisenbahnärar zur Zeit in den Gegenden mit lebhaftem Wasserstraßenverkehr notorisch durchaus keine schlechteren Geschäfte macht, sondern sogar über einen intensiveren Güterverkehr verfügt (z. B. in Preußen), als in Gegenden mit vernachlässigten

Wasserstraßen (z. B. in Bayern). Woher aber kommen jene Frachtersparnisse? Aus den bekannten natürlichen Vorzügen der Schiffahrt vor den Eisenbahnen im Güterverkehr, welche man mit einer, wenn auch noch so liberalen — aber nicht kommunistischen — Eisenbahntarifpolitik nicht kompensieren kann. Die Eisenbahn ist eben gegenüber der Schiffahrt ein sehr kostspieliges Vehikel im Güterverkehr. Auf dem Wasser zieht ein Pferd in einem einfachen Schiffe 2200 Zentner, auf der Eisenbahn verteilt sich diese Last auf 11 Waggons, also auf nahezu einen ganzen Güterzug mit einer Dampfmaschine. Auf dem Rhein verkehren Schiffe mit geringer Mannschaft, welche 30000 Tonnen (à 1000 Kilo) Ladung haben, d. h. also ein Schiff, von einem Remorqueur geschleppt, befördert die Last von 5 Eisenbahngüterzügen, jeden zu 30 Waggons gerechnet. Ein gut konstruierter Remorqueur kann in 8 bis 10 Tagen 90000 Zentner eben so weit zu Berg zu schleppen, als dies 12 Eisenbahnzüge vermögen. In Bezug auf die Kosten des Transportmittels selbst zu Wasser und per Bahn sei nur bemerkt: ein gut gebauter 200 Zentner-Eisenbahngüterwagen kostet durchschnittlich nicht unter 500 ℳ, 200 Zentner Schiffsraum kommen aber nur auf 60 ℳ zu stehen, da ein eiserner Schleppkahn von 20000 Zentner Tragkraft 60000 ℳ kostet.

Was es bedeutet, im Güterverkehr derart hinter den Fortschritten der Zeit zurückzubleiben, wie das bei uns in Bayern hinsichtlich der Wasserstraßen bei noch längerer Vernachlässigung derselben der Fall wäre, darüber würde der Wirtschaftshistoriker späterer Jahrzehnte genaue Auskunft geben können. Er würde diese Güterverkehrspolitik — denn nur um Güterverkehr handelt es sich — etwa so beurteilen, wie wir heute unsere Vorfahren beurteilen würden, wenn sie sich Jahrzehnte lang der Einführung der Eisenbahnen widersetzt hätten, während dieselben in allen Nachbarstaaten sich entwickelten. Er würde dann vielleicht zahlenmäßig zeigen können, welch' deprimierenden Einfluß auf die Volkswirtschaft in Bayern die Jahrzehnte lang fortgesetzte Unterbindung der wichtigsten Verkehrsarterien allmälig ausübte. Noch ist es nicht zu spät für den Ausbau der bayerischen Wasserstraßen, ohne welchen die Schiffahrt im Zeitalter der Eisenbahn so wenig existieren kann, wie die Eisenbahn selbst auf einem allenthalben schadhaften und verfallenen Eisenbahn-Damm!

3. Die wirtschaftliche Notlage und die Wasserstraßenfrage in Bayern.

Die wichtigste verkehrspolitische Frage ist zur Zeit in Bayern die Wasserstraßenfrage. Fragen wir uns aber, welche Momente zur Zeit gegen eine energische Initiative im Ausbau eines bayerischen Wasserstraßennetzes geltend gemacht werden, so finden wir Folgendes: Man verweist auf die derzeitige wirtschaftliche Depression und speziell die landwirtschaftliche Notlage, man weist auf die bedeutenden neuen Steuern zur Deckung der Militärvorlage hin und auf das kleine Staatsgebiet des „verhältnismäßig armen" Bayernlandes. Was nun die wirtschaftliche Notlage betrifft, so soll dieselbe ja gerade nach dem allgemeinen Verlangen durch eine gesteigerte staatliche Thätigkeit beseitigt werden. Daß aber die Palliativmittel, wie Entnahme von Waldstreu aus den staatlichen Forsten u. s. w. nicht ausreichen, wird gleichfalls allgemein betont. Was aber in dieser Richtung von dem dauerhaftesten, von der Nachwelt einhellig gepriesenen Erfolg begleitet war, und was speziell Bayern, das ja keine selbständige auswärtige Handelspolitik und dergleichen betreiben kann, vor Allem zu seinem Heile zu leisten vermag, das lehrt uns die Geschichte: Ein rasches, reichliches Aneignen der in der betreffenden Epoche hervortretenden fortgeschrittensten, besten und erfolgreichsten Mittel zur Hebung des Verkehrswesens und der Landeskultur! Und so finden wir gerade in den Zeiten der Depression die intensivste staatswirtschaftliche Thätigkeit auf diesen Gebieten. Die größte Depression, die Deutschland je erlebte, war die nach dem dreißigjährigen Kriege und was geschah da nicht alles — im großen und ganzen doch mit schönem Erfolge — seitens der aufgeklärten Fürsten des 17. und 18. Jahrhunderts zur Hebung der Volkswirtschaft auf dem Gebiete des Verkehrswesens und der Landeskultur! Die ersten Chausseen- und Wasserstraßennetze, die aus dieser Zeit stammen, die Niederlagsbauten und Handlungskompagnien, die Einführung des Klee-, Kartoffel- und Rübenbaues, der rationellen Viehzucht, der Hausindustrien, des Bergbaues, Be- und Entwässerungswerke, alle diese Dinge gereichen der damaligen Staatsverwaltung und den Staatsmännern zum unvergänglichen Ruhme. Was hat nicht Friedrich Wilhelm, der große Kurfürst in Preußen für Kanalbauten (Oder-Spreekanal!) und für Ent- und Bewässerung in seinem Lande gethan. Was hatten Ferdinand Maria nach dem 30jährigen Kriege, Kurfürst Maximilian III., Josef von Bayern nach dem für Bayern so verheerenden österreichischen Erbfolgekrieg für den Ausbau eines bayerischen Straßennetzes geleistet und für die Hebung der inländischen Produktion versucht, was schuf nicht Friedrich der Große mit großen Aufwänden zur Hebung der preußischen Volkswirtschaft, als nach dem siebenjährigen Kriege seine Provinzen teilweise entvölkert und durchweg vollständig entkräftet waren. Es schien kaum möglich, in 100 Jahren die schädlichen Wirkungen dieses Krieges wieder zu paralysieren. Friedrich der Große trocknete Sümpfe aus, wendete allein für die Entwässerung des Bruchlandes der Netze, Warthe, Obra u. s. w. nach den Hubertsburger Frieden 30 Millionen Mark auf, er baute Kanäle und Städte, gründete neue Messen, belebte den Ackerbau, die Gewerbe und den Handel und in unglaublich kurzer Zeit stand der erschöpfte preußische Staat, welcher ohne jene Maßregeln sicherlich der Verarmung anheimgefallen wäre, wieder fest auf den Beinen. Was plante und versuchte man nicht zur selben Zeit in Oesterreich zur

Hebung des wirtschaftlichen Lebens? Und um aus der neueren Zeit ein Beispiel zu wählen, was geschah in England, als man Jahrzehnte lang vergeblich versucht hatte, durch Tarifmaßregeln aller Art, durch die berühmte „gleitende Skala" u. s. w. der durch die Kulturentwickelung geschaffenen Verbilligung des Getreides entgegenzuarbeiten, als dann schließlich Robert Peel die hohen Getreidezölle bedeutend reduzierte in der Erkenntniß, daß England überwiegend Handels- und Industriestaat geworden sei? Man entschädigte die Landwirtschaft durch Reformen auf dem Gebiete des Verkehrswesens und der Landeskultur. Der englische Staat bewilligte unter anderem eine in 22 Jahren amortisierbare Summe von 80 Millionen Mark für wasserwirtschaftliche Zwecke und Landesmeliorationen. Durch die Ausbildung des internen Kanalnetzes erhielt die Landwirtschaft Düngemittel und Waaren ungemein billig geliefert, während die Beförderung der allmälig sich umgestaltenden landwirtschaftlichen Produktion in ihrem Absatze nach den immer industriöser und damit konsumfähiger werdenden Städten durch die vorzügliche Entwickelung des internen Verkehrswesens und nicht in letzter Linie durch die außerordentlich billige Fluß- und Kanalschiffahrt ganz wesentlich gefördert wurde. Im Vergleich zu diesen Vorteilen erwiesen sich die Kanäle hinsichtlich des Getreide-Preisdruckes geradezu als bedeutungslos, schon deshalb, weil ja der ausländische Getreideimport, soweit er zum Eindringen ins Innere des Landes die billige Schiffahrt benutzte, bereits auf den großen Strömen bis ins Herz des Landes ungehindert vordringen konnte. So kam es, daß zum guten Teile durch die Ausbildung des internen Verkehrs und durch Landeskultur die englische Landwirtschaft in schwerer Zeit neue Lebenskraft, ja, nach dem Ausspruche des Agrarpolitikers Professor Konrad-Halle einen ganz außerordentlichen Aufschwung nahm und zwar nicht nach extensiver, sondern nach intensiver Richtung.[1]) Was thaten die Franzosen, nachdem sie das „furchtbare Jahr" 1870 hinter sich hatten und obendrein noch 5 Milliarden an Deutschland zahlen mußten? Die Nationalversammlung beschloß im Jahre 1872, eine Kommission einzusetzen, welche die Mittel zur Ueberwindung der schweren Krisis beraten sollte. Und was geschah nun? Nach zweijähriger Arbeit legte der Referent dieser Kommission, der Senator und Ingenieur des ponts et chaussées Krantz einen umfassenden Bericht vor, der neben dem fortgesetzten Ausbau der Eisenbahnen vor allem den systematischen Ausbau eines leistungsfähigen Wasserstraßennetzes auf das Dringendste empfahl. Und dem Antrag des Referenten wurde stattgegeben. Die französische Volksvertretung beschloß, das bestehende Wasserstraßennetz nach einer einheitlichen Type umzubauen, zirka 3000 Kilometer neuer Wasserstraßen bis zum Jahre 1925 herzustellen und nebenbei auch das bestehende Eisenbahnnetz um mehr als 3000 Kilometer zu vervollständigen. Für den ersteren Plan, über dessen Ausführung wir

---

[1]) Schönbergs Handbuch der Staatswissenschaften. II. Bd. S. 247.

uns hier nicht verbreiten können, wurden zirka 850 Millionen Franken bewilligt. Und die Motive? Diese gibt uns jener Bericht mit folgenden klaren Worten: „Wenn in Folge der Erbauung der Kanäle Fabriken entstehen, die Ausbeutung der Steinbrüche, Bergwerke und Wälder gehoben, mit einem Worte der öffentliche Reichtum gefördert wird, so partizipiert der Staat an diesen Vorteilen und ist der erste, welcher von dem geschaffenen Reichtume Nutzen zieht, und dieser Nutzen kann so groß sein, daß er von der Einhebung der Kanalgebühren sogar ganz abstehen kann. In dieser anscheinend ungerechten Freigebigkeit liegt aber nicht nur ein sehr wichtiges Verständnis der Interessen des Landes, dessen Reichtum und Produktion vor allem gehoben werden müssen, sondern auch eine tiefer liegende Gerechtigkeit in Verteilung der Lasten, weil die Steuer, welche von dem durch die Kanäle geschaffenen Reichtume erhoben wird, selbst die Lasten derjenigen vermindert, die sich ihrer nicht bedienen." Frankreich hat die damals eingeschlagenen Bahnen wirtschaftlicher Reformen nicht zu bereuen gehabt und speziell seine Wasserstraßenreformen sind im Großen und Ganzen, wenn man nicht in kleinlicher Weise kritisiert, gelungen. Frankreich ist heute wieder ein reiches Land. Durch Gesetz vom 19. Februar 1880 wurden sogar alle staatlichen Schiffahrtsabgaben aufgehoben und der französische Binnenverkehr genießt, soweit er der Schiffahrt sich bedient, einen durchschnittlichen Frachttarif von 1.25 bis 1.50 Cts. zirka 1 Pfennig pro 1 Tonne und pro 1 Kilometer, während bei uns in Bayern, wo wir die Wohlthat der Großschiffahrt entbehren und auf die Eisenbahnen allein angewiesen sind, der niedrigste Eisenbahnspezialtarif (III) den Satz von 2.7 Pfennige pro Tonne und Kilometer hat, und der niedrigste Ausnahmetarif inkl. Expeditionsgebühr den Satz von 2 Pfennig pro Tonnenkilometer aufweist, während die übrigen Tarife bis hinauf ins Zehnfache steigen. Es fragt sich nun, sollen wir in Bayern — wenn auch natürlich in bescheidenerem Maße — nicht ähnlich vorgehen? Wir erinnern uns eines trefflichen Wortes, welches der ungarische Ackerbauminister Graf Behlen vor zwei Jahren in einer Rede ausgesprochen hat: „Ein Staat, der keine Kolonien hat und keine Expansivpolitik betreiben kann, ist doppelt darauf angewiesen, da er sich nicht nach außen ausdehnen kann, sich nach dem Innern auszudehnen; wer der Kultur ein neues Joch Boden gewinnt, hat um so viel zur Vermehrung des Gebietes seines Vaterlandes beigetragen!"

So ist es also gewiß, daß „die wirtschaftliche Notlage" kein Argument gegen eine intensivere Staatsthätigkeit auf dem Gebiete des Verkehrswesens ist und ebensowenig erscheint uns der „alle Finanzkraft absorbierende" Militarismus als ein stichhaltiger Grund, denn es besteht ja wohl ein enger Zusammenhang zwischen diesem und der „wirtschaftlichen Notlage", und die Gründe, die gegen dieses Argument geltend gemacht wurden, gelten damit auch hinsichtlich des Militarismus. Wir haben heute den dreißigjährigen bewaffneten Frieden, wie unsere Vorfahren den dreißigjährigen Krieg; unser bewaffneter Friede absorbiert zwar nicht direkt menschliches Leben, aber umso mehr das Geld, das bei der immer dichter werdenden Bevölkerung für eine produktivere Verwendung bringend nötig wäre; unsere Volkswirtschaft leidet schwer unter dem derzeitigen Zustand, allein wenn man sie nicht der Auszehrung überlassen will, so muß man eben auch wirtschaftlich rüsten. Und was die Kleinheit des „verhältnismäßig armen" bayerischen Staatsgebietes betrifft, so erscheint uns das nur so in dem Rahmen des großen deutschen Reichsgebietes. Was so ein „kleiner" Staat leisten kann, dafür haben wir in der Geschichte Beispiele genug. War denn, um nur ein Beispiel anzuführen, Preußen im Jahre 1763, als es den siebenjährigen Krieg gegen nahezu alle Großmächte Europas ruhmvoll ausgefochten hatte, größer als das heutige Bayern[1]), hatte es nicht einen ärmeren Boden? Kann man überhaupt Bayern „verhältnismäßig arm" nennen? Gewiß nicht, man kann höchstens sagen, daß Bayern in kommerzieller und industrieller Beziehung im Verhältnisse zur Größe seines Gebietes nicht so hervorragend dasteht, wie andere west- und mitteleuropäischen Staaten. Da heißt es eben jene Eroberungen machen im Innern des Landes. Wie weit sind wir in den einzelnen Provinzen z. B. noch von jenem auf dem 1889er Pariser Wasserwirtschafts-Kongreß bezeichneten idealen Zustande entfernt, „in welchem kein Molekül-Wasser zum Meer hinabfließt, ohne seine volle wirtschaftliche Bedeutung als Düngemittel, als Triebkraft und als Verkehrsmittel erfüllt zu haben," wie viele brauchbaren Bestandteile des Erdbodens harren bei uns noch der möglichst rationellen Verwertung! Schaffen wir im vollsten Sinne des Wortes eine „rationelle Wasserwirtschaft" in Bayern, durch welche möglichst alle auf das Land treffenden Wassermengen nach großen Gesichtspunkten für Verkehr, Landwirtschaft, Industrie und Gewerbe nutzbar gemacht werden!

Wir betreten damit einen zeitgemäßen Weg zur Beseitigung der wirtschaftlichen Notlage, der zwar bedeutende finanzielle Opfer erfordert, dafür aber auch zum Ziele führt. Eine landwirtschaftliche Notlage, wie sie im Vorjahre durch die anhaltende Trockenheit geschaffen wurde, wäre in dem eingetretenen Umfange nicht möglich gewesen, wenn einerseits ein Wasserverkehrsstraßennetz, bei dem sich die Tarife auf dem Wege der freien Konkurrenz bilden, für die sofortige denkbar billigste Lieferung der nötigen Ersatzfuttermittel gesorgt hätte, wenn anderseits von den in großen Reservoirs gesammelten Niederschlagsmengen früherer Monate dem trockenen Boden Wasser zugeführt worden wäre. Statt dessen fließt zur Zeit mit dem „Hochwasser" der Überfluß der feuchten Jahreszeit in den regulierten, nicht kanalisierten Flüssen aus dem Lande hinaus und in der trockenen Zeit hat die Schiffahrt kein Wasser zum Verkehr, der Landwirt keines zur Bewässerung. Einzelne

---
[1]) Preußen hatte 1740: 2171 Quadratmeilen und 2 240 000 Einwohner.

Gegenden haben zuviel, andere zu wenig des nützlichen Elementes! Auch die durch unsere Kultur bedingte Abholzung früher bewaldeter Landstriche muß in ihren schädlichen Wirkungen paralisiert werden durch eine auf Retention begründete Wasserwirtschaft, durch Reservoirs und Flußkanalisierung. Wie man sich z. B. in Österreich die Wasserversorgung des projektierten großen Donau-Oder-Kanals und die Meliorationsbedeutung desselben denkt, hat Professor Oelwein[1]) in Wien, eine Autorität auf diesem Gebiete, mit folgenden auch für unser Main-Donau-Kanalprojekt maßgebenden Worten dargethan: „Auf direkte Wasserversorgung vom Flusse baut man keine Kanäle! Man macht das anders! Man baut Reservoirs in dem Niederschlagsgebiete, darin werden die abfließenden Wassermengen, die zirka 40—50 Proz. vom Niederschlage betragen, aufgefangen. Jenes Wasser, welches dahin einfließt und welches von der Industrie und Bodenkultur verwendet wird, fließt aus dem Reservoir wieder ins Gerinne ab, während der unbenützbare Überschuß, soviel man seiner bedarf, im Reservoir verbleibt. Man wird staunen, daß die Hochwässer eines Jahres, die nicht von der Industrie und Bodenkultur verwendet werden können, oft 70—80 Proz. des gesamten Wassers betragen, welches überhaupt im Jahre in den Flüssen abgeronnen ist. Ein einziges Hochwasser führt oft mehr Wasser in einem Flußgerinne ab, als alle anderen Wasserstände in 5—6 Monaten zusammen. Dieses Prinzip haben wir für den Donau-Oder-Kanal in Aussicht genommen, bei dem es deshalb gleichgiltig ist, ob es einmal 6—8 Wochen gar nicht regnet, weil das erforderliche Wasser im Reservoir bevorrätet ist. Wir haben gefunden, daß die eine Beczwa mit dem Gebiete von 68,700 Hektar hinreicht, um den größten Verkehr zu ermöglichen. Die Niederschläge in diesem Gebiete variieren zwischen 700 bis 900 Millimeter pro Jahr."

Es handelt sich also hauptsächlich um die Schaffung von Reservoirs. In Frankreich sind bereits 80 größere Thalsperren und Reservoirs angelegt, welche durch Quellen, Regengüsse und Gewitter gefüllt werden. In Egypten ist neuerdings mit einem Kostenaufwand von über 100 Millionen Franken ein riesiges Wasserreservoir in der Ebene von Kom-Ombo projektiert, durch welches die Hoch- und Niederwasserstände des Nils reguliert und gleichzeitig 400 000 Hektar fruchtbares Land geschaffen werden sollen.

Was die in kanalisierten Flüssen steckende, für industrielle Zwecke verwendbare Staukraft anlangt, so könnten wir aus allen Kulturstaaten statistische Belege dafür erbringen, daß wir in Bayern hinsichtlich der Ausnützung der Triebkraft des Wassers nicht auf der Höhe sind. Ganz kleine Flüsse in Norddeutschland werden vielfach mehr zu industriellen Zwecken ausgenützt, als bei uns große. So sind z. B. bei der kanalisierten sächsischen Saale

---

[1]) Diskussion über den Ausbau der Wasserstraßen in Österreich: Wien, 28. Febr. 1891.

unterhalb Kreypau von den 36 Metern Gefälle 19 Meter für Triebwerke ausgenützt, Elster und Luppe haben 25 Mühlwerke. Der Wert einer der Staukraft eines kanalisierten Flusses entnommenen Pferdekraft wird in Sachsen bei Ablösungen auf 300 M. jährlich geschätzt. Auch dies ist Nationalvermögen, Anregung zu industrieller Thätigkeit und gerade in unserer Zeit wichtig, da man daran geht, mit Wasserkräften Elektrizitätswerke einzurichten, deren wirtschaftliche und soziale Bedeutung noch gar nicht absehbar ist.

Womit soll nun in Bayern der Anfang gemacht werden in dieser nationalökonomischen Wasserwirtschaft höheren Stils, für welche wir zur Zeit nur einzelne Ansätze aufweisen können. Wir glauben keine falsche Prophezeiung zu machen, wenn wir sagen, daß die gründlichen Projektierungsarbeiten für die Mainkanalisierung, für den Umbau des Donau-Mainkanals und für die Vollendung der Korrektion der ganzen bayerischen Donau eine neue Ära der ganzen bayerischen Wasserwirtschaft einleiten werden. Ist es ja doch schon von großem Werte, wenn einmal das Inventar der in einem Lande zum Wasserstraßenausbau und zu landwirtschaftlichen Zwecken zur Verfügung stehenden Wassermenge aufgenommen und dann einmal der Anfang mit einer ausgiebigen systematischen Verwertung derselben gemacht wird. Vom verkehrspolitischen Standpunkte aber müssen wir sagen: kanalisierter Main einerseits, vollständig schiffbare bayerische Donau andererseits, späterhin verbunden durch einen neuen Main-Donau-Kanal, das sind zwei mächtige Hebelarme zur Hebung des Verkehrs, der Industrie, der Gewerbe, des Handels und der Landwirtschaft in Bayern. Mit vielen kleinen Mitteln, Tarifnachlässen u. s. w. erreicht man in der Regel nicht das, was man oft mit einer durchgreifenden Maßregel erreicht; es ist eine alte volkswirtschaftliche Erfahrung, daß kleine fiskalische Opfer im Verkehrswesen, z. B. im Postwesen, oft wirkungslos bleiben und lediglich den Fiskus schädigen, während erst große Aufwände auch dem Fiskus wieder den entsprechenden Nutzen bringen. Wenn man mit diesen Gesichtspunkten an die Förderung der Binnenschiffahrt Bayerns geht, wird man sich von der finanzpolitischen Seite der Frage nicht abschrecken lassen. Die Kosten für den Ausbau der Main-Donau-Wasserstraße werden auch vielfach übertrieben. Eine konkrete Schätzung liegt bis jetzt eigentlich nur von Schanz vor in dem im Verein für Hebung der Fluß- und Kanalschiffahrt in Bayern gehaltenen Vortrage. Schanz kommt auf 70 Millionen Mark für die ganze Mainkanalisierung und 60 Millionen Mk. für den Umbau des Kanals, im ganzen auf 130—150 Mill. Mark.[1]) Nun

---

[1]) Die österreichischen Interessenten des Donau-Oderkanals haben in Erwägung gezogen, einen Teil des Anlagekapitals in Stammtitres mit dem Nachrang der Verzinsung Gemeinden und Provinzen anzubieten und dem Privatkapital den Rest in Prioritätsaktien mit dem Vorrang der Verzinsung zu überlassen, um auf diese Weise doch eine Art von Zinsgarantie seitens öffentlicher Stellen zu schaffen. In Oesterreich

gibt es viele, welche das Risiko scheuen, von Staatswegen eine so hohe Summe einem Kanal zuzuwenden, auch wenn durch Gebühren die Verzinsung des Anlagekapitals angestrebt werden soll. Sie verlangen den Bau durch das Privatkapital. Dieses Verlangen wäre berechtigter, wenn nicht bei uns der Staat bereits die wichtigen Verkehrsstraßen der Eisenbahnen in Händen hätte. So aber ist das Risiko für das Privatkapital viel größer, denn der Staat ist keine Privatgesellschaft. Er kann im staatssozialistischen Fahrwasser dahin kommen, die Güter auf der Eisenbahn gratis zu befördern; wenn dies auch nicht der Fall sein wird, so ist es doch möglich; bei einer konkurrierenden Privateisenbahn wäre dies nie möglich. Es wäre deshalb bei einer Überlassung des Unternehmens an eine Privatgesellschaft wenigstens eine staatliche Zinsgarantie notwendig.

Am schärfsten hat der frühere österreichische Finanzminister Dr. Steinbach gegen einen großen staatlichen Aufwand für Kanalbauten gesprochen. Die Quintessenz seiner Opposition lag in folgenden Worten: „Der Staat, der mehr ausgiebt, als er einnimmt, und wenn es auch vielleicht Sachen sind, die sich später als produktiv erweisen, der geht zu Grunde und der Fabrikant, der alles, was er verdient, in seine Fabrik steckt und sich gar keinen Reservefond hält, geht bei der ersten schlechten Konjunktur unter." Ein Abgeordneter entgegnete dem Minister: „er würde es nicht gewagt haben, die Wirtschaft des Staates mit der eines Fabrikanten zu vergleichen, er frage aber den Minister, was er von einem Fabrikanten halten würde, der in einem Momente, da sich ihm ein neues Requisit für sein Verfahren darstellt, welches seine Konkurrenten übermäßig stark macht, und ihn der Möglichkeit beraubt, seine Waaren zu dem Preise seiner Konkurrenten abzusetzen, der in einem solchen Momente sich auf den Standpunkt stellt: Ich kann die neuen Maschinen nicht kaufen, ich muß meinen Reservefonds dotieren, ich darf nicht mehr ausgeben, als ich einnehme, darf keine neuen Schulden machen? Er frage, ob sich ein solcher Fabrikant nicht selbst aufgeben würde?" — Wir haben dieser Argumentation nichts hinzuzufügen. Das österreichische Parlament trat damals nahezu einstimmig für die Kanalprojekte ein. Auch für Bayern heißt in der Wasserstraßenfrage die Losung: Soll das Land in einem der wichtigsten Faktoren des Verkehrswesens weit hinter der allgemeinen Entwicklung zurückbleiben oder mit der Zeit fortschreiten? —

---

handelt es sich auch um Konkurrenz mit Privatbahnen. Bezüglich der Schätzung ist noch zu erinnern an die älteren Berechnungen Fleischmanns im Zentralblatt für die Bauverwaltung 1887 und an einen Aufsatz „im Schiff" 1892 Nr. 660, dessen Verfasser die Gesamtkosten für den Ausbau der bayerischen Main-Donau-Wasserstraße auf 120 Millionen taxiert. Vergleiche auch die Durchschnittsziffern in der Denkschrift des Vereins für die Hebung der Fluß- und Kanalschiffahrt in Bayern vom 1. Juni 1893 (Petition an das k. b. Staatsministerium des Aeußern, gedruckt), welche auf eine Zusammenstellung Symphers zurückzuführen sind.

4. Die Wasserstraßen in unseren Nachbarstaaten.

"Wenn der Staat nicht säet, so kann auch der genialste Schatzkanzler nicht ernten." Dieser im volkswirtschaftlichen Ausschusse des österreichischen Abgeordnetenhauses bei Beratung der Wasserstraßenfrage ausgesprochene Satz dürfte den Hauptgrund für die in neuerer Zeit erfolgte Wiederaufnahme der Wasserstraßenpolitik seitens verschiedener Staatsverwaltungen enthalten.

"Der große Nutzen der Wasserstraßen für das Land in seiner Gesamtheit und die Thatsache, daß sie den Eisenbahnen, zu welchen sie eine unerläßliche Ergänzung bilden, Nahrung zuführen, rechtfertigen das Eingreifen des Staates und der öffentlichen Gewalten, um so viel als möglich den Bau und die Unterhaltung von Schiffahrtsstraßen einheitlicher Abmessungen zu fördern und den Verkehr auf weite Entfernungen und zu niedrigen Frachten zu erleichtern." (Resolution, beim internationalen Binnenschiffahrtskongreß in Manchester gefaßt und beim Pariser Kongreß wiederholt.)

Wir unterlassen es, zu zeigen, wie in den einzelnen außerdeutschen Staaten[1] die bleibende hohe Bedeutung der Wasserstraßen neben den Eisenbahnen erkannt wurde und was in dieser Erkenntnis geschehen ist.

Man würde einwenden, daß in manchen von diesen Staaten, z. B. in Belgien, Holland, Frankreich, wo das Wasserstraßennetz mit vielen Hunderten von Millionen ausgebaut wurde[2] und noch vervollkommnet wird, andere Verhältnisse als bei uns maßgebend seien. Wir beschränken uns deshalb darauf, zunächst zu zeigen, wie in den uns naheliegenden Staaten, besonders Preußen und Österreich, die Wiederaufnahme der Wasserstraßenpolitik vor sich ging.

In Preußen fällt der Beginn des großen Aufschwungs der Binnenschiffahrt etwa mit der an den preußischen Landtag gerichteten Staatsdenkschrift vom 3. November 1879 über die planmäßige Regulierung der fünf Hauptströme (Weichsel, Oder, Elbe, Weser und Rhein) zusammen.

---

[1] Auch in Rußland geschieht sehr viel für die allmälige Ausbildung eines Wasserstraßennetzes. Auf den 83194 Kilom. schiffbaren Wasserstraßen Rußlands arbeiten 1507 Dampfschiffe mit 86400 Pferdekräften im Dienste der Volkswirtschaft; von diesen 33194 Kilometern sind 6000 Kilometer künstlich schiffbar gemacht, darunter 2150 Kilometer schiffbarer Kanäle. Selbst in Sibirien hat die russische Regierung in aller Stille einen Kanal zur Verbindung des Ob mit dem Jenissei herstellen lassen, in einem Lande wo doch die sog. Wintersperre etwas länger dauert als bei uns in Deutschland. (Nach Prof. Olweins Mitteilungen im Wiener Klub der Land- und Forstwirtschaft 1891.) Für den Umbau der wichtigsten Verbindungsarterien und Kanäle von der Wolga nach Petersburg für Boote von 500 Tonnen Ladung hat die russische Regierung erst jüngst 15.7 Millionen Gulden bewilligt. Frankreich vermehrt jedes Jahr die Länge seiner schiffbaren Wasserstraßen um 150—160 Kilometer mit einem Kostenaufwande von 40 bis 50 Millionen pro Jahr, abgesehen von der Seeschiffahrt und den Seehäfen.

[2] Einiges hierüber in meiner Abhdlg.: "Die Idee eines Main-Donaukanals von Karl dem Großen bis Prinz Ludwig von Bayern". München 1894. Kap. II u. III.

Betrachten wir zunächst an der Hand eines Berichtes des preußischen Abgeordneten Letocha, was seitdem in Preußen geleistet worden ist.[1])

Für die Herstellung einer Minimalfahrwassertiefe von 1,67 Meter in der Weichsel und Nogat wurden 1879 15,3 Millionen Mark veranschlagt, wovon bis zum 31. März 1891 13 Millionen verausgabt waren; für die Erzielung einer Minimalwassertiefe von 1 Meter in der Oder von der Mündung der Glatzer Neiße bis Schwedt wurden 6,8 Millionen ausgeworfen, welche Summe bis zur Beendigung der Arbeiten im Jahre 1889 wesentlich überschritten wurde. Für die obere Elbe wurden 1879 8,6 Millionen veranschlagt, um eine Minimalwassertiefe von 0,93 Meter zu erzielen; dieser Betrag war bereits 1889 verbaut, seitdem wurden die Regulierungsarbeiten mit etatsmäßigen Fonds fortgeführt. Für die Weser wurden zunächst 1,8 Millionen, dann nochmals 1,4 Millionen aufgewendet, für den Rhein, der schon mehrere hundert von Millionen gekostet hat, wurden 1879 nochmals 22 Millionen ausgeworfen, von denen 1891 bereits 12,7 Millionen verbaut waren. Das sind zusammen nach der Vorlage von 1879 rund 53 Millionen Mark für weitere Regulierungsarbeiten an den Hauptströmen.

Bereits 1 Jahr darauf am 27. Oktober 1880 ist dem preußischen Landtage eine Denkschrift über Fluß- und Kanalbauten für Spree, Havel, Mosel, Pregel, Alle, Deime, Memel und Friedrichsgraben zugegangen. Auf Grund dieser Vorlage wurden im Havel und Spreegebiet Kanalisations- und Regulierungsarbeiten für mehrere Millionen Mark vorgenommen, für die Moselregulierung 1,2 Millionen für das Pregelgebiet, insbesondere den Friedrichskanal 7,1 Millionen und für das Memelgebiet 3,2 Mill. Mark ausgegeben.

Sämtliche Arbeiten sind heute zumeist beendet. (Gesamtaufwand: rund 15 Millionen!

Schon am 21. Januar 1882 ging dem preußischen Landtage eine neue Vorlage zu, welche die Regulierung der Warthe, der Unstrut und der Saale betraf. Für die erstere wurden 3 Millionen Mark aufgewendet und gehen die bezüglichen Bauten heute ihrer Vollendung entgegnen. Für die Unstrut und Saale kamen 4 Millionen hinzu.

Zusammen wiederum 7 Millionen Mark!

Seit dem Jahre 1882 wurden ferner durch besondere Gesetze aus Staatsmitteln bewilligt:

1. für den Dortmund-Emskanal . . . . . 60 Millionen,
2. für den Oder-Spreekanal . . . . . 11 „
3. für die Kanalisierung der oberen Oder von Kosel aufwärts 21,5 „

Transport: 92,5 Millionen

---

[1]) Das Nachfolgende nach Letochas Referat im Centralverein für die Hebung der deutschen Fluß- und Kanalschiffahrt in Berlin 1893.

Transport: 92,5 Millionen
4. für die Spree von Berlin bis zur Einmündung in die Havel 3,2 „
5. für die untere Oder . . . . . . 1,6 „
6. als Beitrag Preußens für den Nordostseekanal . 50 „
7. für die Weichsel- und Nogatregulierung . . 20 „

in Summa 167 300 000 ℳ.

Zu diesen großen Posten kommen zahlreiche, in ihrer Gesamtheit immerhin bedeutende kleinere Posten. Der preußische Etat für 1892/93 ist in seinem Kap. V Tit. 1—25 und Tit. 49 die einmaligen und außerordentlichen Ausgaben für die Förderung der Binnenschiffahrt betreffend außerordentlich reichhaltig. Für Regulierungen, Verbesserungen der Kanäle, Häfen, Schleußen, Schiffsladestätten ꝛc. ꝛc. sind zahlreiche, mehr oder weniger bedeutende Posten ausgeworfen, welche mit den Ausgaben für Besoldungen und Unterhaltung zusammen die Summe von 21 Millionen ergeben. Soweit der Bericht Letochas.

Am prägnantesten tritt die neueste Thätigkeit Preußens für den Ausbau des Wasserstraßennetzes in Ulrichs Darstellung hervor.

Nach Ulrichs Angaben[1]) sind in den Jahren 1880—1890 zur Regulierung der großen und kleinen Ströme des Landes aufgewendet worden:

1880/81	5 833 000 ℳ
1881/82	6 390 000 „
1882/83	7 919 000 „
1883/84	6 971 000 „
1884/85	7 468 000 „
1885/86	7 681 000 „
1886/87	5 136 000 „
1887/88	5 157 000 „
1888/89	4 794 000 „
1889/90	3 803 000 „
zusammen .	61 152 000 ℳ
Hiezu treten .	74 812 000 „

welche während des gleichen Zeitraumes für Unterhaltung jener Ströme und . . . . 47 142 000 „
welche für sofortige Regulierung der Wasserstraßen einschl. der Aufwendungen für Kanäle, Brücken ꝛc.
verausgabt wurden. Im ganzen sind daher 183 106 000 ℳ
für diese Wasserbauten aufgewendet worden.

Ferner sind nach Ulrichs Angaben die preußischen Finanzen mit nicht weniger als rund 180 Millionen Mark an den Kosten der teils in der

---

[1]) Ulrich, a. a. O.

Ausführung begriffenen, teils bereits ausgeführten großen Kanalprojekte beteiligt. Von diesen Kostenbeiträgen entfallen nach Ulrich auf:

den Nordostseekanal	50 000 000 ℳ
„ Oder-Spreekanal	12 600 000 „
die Regulierung der Oder und Spree	26 300 000 „
den Kanal von Dortmund nach den Emshäfen	59 825 033 „
die Weichselbauten	20 000 000 „
die Vertiefung der Haffrinne von Königsberg nach Pillau	7 300 000 „
die Kanalisierung der Fulda	3 348 250 „

Nach diesen Angaben Ulrichs fallen also auf Regulierungs- und Unterhaltungskosten der großen Ströme durchschnittlich jährlich 18 310 600 ℳ und wenn man die für Herstellung künstlicher Wasserstraßen bewilligten 184 Millionen Mark ebenfalls auf 10 Jahre verteilt, weitere 18,4 Millionen Mark jährlich, zusammen also nahezu 37 Millionen Mark jährlich.

Im Ganzen hat Preußen bisher für Flußkorrektion an den Flüssen Weichsel, Memel, Oder, Elbe, Weser über 208 Millionen Mark ausgegeben, von den auf den Rhein aufgewendeten 210 Millionen Mark hat auch Preußen den Hauptteil getragen.

Der Kanal von Dortmund und Herne nach den Emshäfen bildet den ersten Abschnitt eines Schiffahrtsweges, welcher bestimmt ist, den Rhein mit der Ems, mit der unteren und mittleren Weser und Elbe zu verbinden (Gesetz vom 9. April 1886). Er ist dazu bestimmt, das westfälische Industriegebiet mit den deutschen Nordseehäfen in Verbindung zu bringen.

Die Gesamtkosten für den Kanal von Dortmund nach den Emshäfen einschließlich des Zweigkanals nach Herne, wurden veranschlagt zu 64 660 000 ℳ. Davon wurden durch die zunächst beteiligten Kreise 4 854 967 ℳ und durch den Staat 59 825 033 ℳ geboten. Die Kosten für 1 Kilometer betragen im Durchschnitt 272 000 ℳ.

Man sieht aus alledem, daß die Thätigkeit zur Wiederaufnahme der Wasserstraßenpolitik in Preußen im vollsten Gange ist.

Zu bemerken ist, daß es sich bei den Wasserbauten an den Flüssen, insbesondere auch den kleineren zumeist nicht um die ersten notwendigsten Korrektionsarbeiten, wie etwa bei unseren bayerischen Gebirgsflüssen handelt, wobei die Wasserläufe nur flößbar und unschädlich gemacht werden sollen. Nein, bei fast allen den aufgeführten Arbeiten handelt es sich um Werke zur Förderung der Binnenschiffahrt und zumeist [der Großschiffahrt. Die zum größten Teile heute erreichten Fahrwassertiefen sind bereits in der Ende 1877 vom preußischen Ministerium für Handel und Gewerbe herausgegebenen

„Denkschrift betreffend die im preußischen Staate vorhandenen Wasserstraßen, deren Verbesserung und Vermehrung," in Aussicht genommen und sind sehr respektable. Sie bewegen sich zwischen 3,5 Meter beim Unterrhein und 1,2 Meter bei der Weser und Ems. Am Rheine dauert die unermüdliche Thätigkeit z. Zt. noch fort, es werden Felssprengungen zwischen Koblenz und Bingen veranstaltet und neue Regulierungsarbeiten bei Wesel unternommen. An der Oder und Elbe sind Nacharbeiten geplant, um die erreichte Minimal= fahrwassertiefe sicher zu stellen. Der Plan zur weiteren Vertiefung der Elbe auf 2 Meter Fahrwassertiefe wird z. Zt. diskutirt, ebenso das Projekt einer durchgreifenden Vertiefung der Unterweser zum Anschluß an den geplanten Mittellandkanal, die weitere Vertiefung des kanalisierten preußischen Unter= maines gelangt demnächst zum Abschluß.

Für Spree, Havel und die übrigen märkischen Wasserstraßen soll eine Minimalfahrwassertiefe von 1,26 Meter, für die Mosel soll — ganz abge= sehen von der sicher noch zu erwartenden Kanalisation — eine Tiefe von 0,70 Meter bis Trarbach und 1,10 Meter bis Koblenz, für den Pregel und die Deime 1,5 Meter, für die Memel 1,9—1,7 Meter nach der 1879er Denkschrift erzielt werden.

Die Vertiefung der Warthe erfolgt auf 1 Meter, die der Unstrut und Saale auf 0,70—0,90 Meter. An solchen Flüßchen haben wir auch in Bayern keinen Mangel, aber selbst unser Mainfluß mit einem schiffbaren Laufe (390 Kilometer), dessen Länge in gerader nordsüdlicher Richtung etwa von Regensburg bis Berlin reichen würde, hat noch keine gleichmäßige Minimalfahrwassertiefe von 0,70—0,90 Meter, nicht einmal von Würzburg abwärts.

An den preußischen Wasserstraßen[1]) haben wir nun — abgesehen von der Rheinpfalz — ein direktes Interesse zunächst hinsichtlich des Rhein= stromes von Mainz ab, dessen Zustand, wenn wir annehmen, daß die Ver= tiefung des Niederrheins bis Köln für Seeschiffe auf absehbare Zeit noch Projekt bleibt, zunächst wohl nicht mehr wesentlich verändert werden wird. Dazu kommt der Untermain, dessen Kanalisierung bis Frankfurt vollendet ist und wohl weiter geführt werden wird, sobald der Plan zur Kanalisierung des ganzen Maines in Bayern zur Reife gelangt ist. Wie die Kanalisierung des Untermaines gewirkt hat, möge aus nachfolgenden dem Jahresbericht der Frankf. Handelskammer v. J. 1894 entnommenen Ziffern ersehen werden.

Durch Kanalisierung des Mains sowie durch Anlage der städtischen Lagerhaus= und Hafeneinrichtungen ist die Verkehrsleistung des Mains und

---

[1]) Wir unterlassen nicht, darauf aufmerksam zu machen, daß jeder, der sich für die Entwickelung besonders der norddeutschen und westdeutschen Wasserstraßen interessiert durch die beiden stets reichhaltigen Zeitschriften „Das Schiff" (Berlin) und das „Rhein= schiff" (Mannheim) bestens unterrichtet wird.

zwar ohne den Floßverkehr von 311586 Tonnenkilometer im Jahre 1880/82 auf 15352452 im Jahre 1887, 20551352 im Jahre 1888, 29159283 im Jahre 1889, 34807411 im Jahre 1890, 30239351 im Jahre 1891, 36863819 im Jahre 1892 und 37008823 im Jahre 1893 gestiegen. Die Verkehrsleistung der Wasserstraße hat sich demnach gegen 1882 im Jahre 1887 auf das 49fache, 1888 auf das 66fache, 1889 auf das 93fache, 1890 auf das 111fache, 1891 auf das 97fache, 1892 auf das 118fache und im Jahre 1893 auf das 118,77fache erhöht.

Der höchste kilometrische Verkehr belief sich auf der 33 Kilometer langen Mainstrecke zwischen Frankfurt a. M. und Mainz auf 9442 Tonnen im Jahre 1880/82, 494193 Tonnen 1887, 696759 Tonnen 1888, 939446 Tonnen 1889, 1129039 Tonnen 1890, 996919 Tonnen 1891, 1204533 Tonnen 1892, 1209651 Tonnen 1893. Hiezu tritt noch der Floßverkehr mit 164673 Tonnen 1893.

Der Bahn- und Wasserverkehr in Frankfurt a. M., ohne Transit- und Floßverkehr gestaltete sich wie folgt:

	Wasser- und Bahnverkehr Tonnen	Hievon wurden befördert	
		im Wasserverkehr Tonnen	im Eisenbahnverkehr Tonnen
1884	1014518,7	150513,7	864005
1885	1047845,0	150805,0	897040
1886	1088046,8	155956,8	932090
3jähr. Durchschnitt:	1050136,3	152425,2	897712
1887	1373690,8	360062,8	1013628
1888	1748733,1	516798,1	1231935
1889	1911758,4	577610,4	1334148
1890	2103171,5	697351,5	1405820
1891	2045267,8	577164,8	1468103
1892	2211600,7	709137,7	1502483
1893	2593053,2	719505,2	1873548

Es haben sich demnach, den Floß- und Transitverkehr nicht mitgerechnet, gegen den Verkehrsdurchschnitt von 1884/86 vermehrt: der Verkehr von Frankfurt um 1161463,9 im Jahre 1892 und um 1542916,4 Tonnen im Jahre 1893, der Wasserverkehr von Frankfurt um 556692,5 Tonnen im Jahre 1892 und 567080,0 Tonnen im Jahre 1893, der Eisenbahnverkehr von Frankfurt um 604771,0 Tonnen im Jahre 1892 und 975836,0 Tonnen im Jahre 1893. Somit hat sich der Wasserverkehr im Jahre 1893 gegen 1892 um 1,4 Prozent gegen 1891 um 24,6 Prozent gehoben. Gleichzeitig ist der Eisenbahnverkehr um 24,0 Prozent gegen 1892, und um 27,6 Prozent gegen 1891 gestiegen.

Der oben bezeichnete Verkehr enthält weder

	1892	1893	
den Transitverkehr	312 177,5	299 665,6	Tonnen
noch „ Floßverkehr	193 871,7	164 673,0	„
„ „ Ankunftsfloß-verkehr	26 903,0	24 532,0	„
Zusammen	535 952,2	488 870,6	Tonnen

Einschließlich des Transit-, Durchgangs- und Floßverkehrs ergibt demnach

	1892	1893	
der Eisenbahnverkehr	1 502 483,0	1 873 548,0	Tonnen
Wasserverkehr	1 245 069,9	1 208 375,8	„
der Gesamtverkehr	2 747 552,9	3 081 923,8	Tonnen

oder 33 360 334 Zentner im Jahre 1887
„ 40 331 370 „ „ „ 1888
„ 47 016 948 „ „ „ 1889
„ 52 499 820 „ „ „ 1890
„ 49 831 110 „ „ „ 1891
„ 54 951 058 „ „ „ 1892
„ 61 638 476 „ „ „ 1893

Diese Zahlen sprechen für die gedeihliche Wechselwirkung der Mainkanalisierung und der Frankfurter Eisenbahnen und für den gewaltigen Aufschwung der Stadt Frankfurt seit der Kanalisierung des Maines eine so beredte Sprache, daß man die Lehre, die sich daraus für die Notwendigkeit der Weiterführung der Mainkanalisierung auf bayerischem Gebiet ergibt, kaum noch zu mißachten vermag.

Außer dem Untermain hat für uns noch die bereits im Bau begriffene preußische Fuldakanalisierung von Münden bis Kassel, woran dann die alte Fuldakanalisierung von Kassel bis Rotenburg b. Bebra sich anschließt, ein gewisses direktes Interesse, sowie auch das einer ferneren Zukunft angehörende Projekt eines Fulda-Kinzigtalkanals von der Weser nach Hanau oder Frankfurt a. M., von welchem sich dann vielleicht einmal ein Kanal nach Gemünden abzweigen wird.

Weiterhin ist infolge unserer gebirgigen Nordgrenze für das bayerische Wasserstraßennetz von Norden nicht viel herzuleiten, sofern nicht der Plan eines Main-Weser-Elbekanals von Bamberg aus noch eine Zukunft haben sollte; in diesem Falle würde dann natürlich die Thätigkeit Preußens für die Vervollkommnung der Elbe- und Weserschiffahrt auch für uns direkt von Bedeutung werden.

Auch mit den Wasserstraßen unserer westlichen Nachbarn, Hessen, Baden, Württemberg und Elsaß-Lothringen dürften sich kaum direkte Beziehungen von Seiten unserer bayer. rechtsrheinischen Wasserstraßen anknüpfen lassen, wogegen die Entwickelung der Binnenschiffahrt in diesen Nachbarländern auch wieder von indirektem Einflusse für unser Bayernland ist.

Der Oberrhein und das elsaß-lothringische Wasserstraßennetz werden uns im Verlauf der Jahre wegen der Rheinpfalz noch viel beschäftigen, in Hessen aber ist gegen den Rhein der Odenwald vorgelagert, welcher auch einer Verbindung des Maines mit dem Neckar im Wege ist.

Die Tauber, ein im wesentlichen badisches Flüßchen, hat bei einem Laufe von 110 Kilometer ein Durchschnittsgefälle von 2,50 °/oo [1]) und wird, wie auch die alte Idee eines Tauber-Wörnitz-Donau-Kanals wohl nie eine Bedeutung für die Entwickelung unserer Binnenschiffahrt erlangen. Der Neckar dagegen ist für Bayern von beträchtlicher Verkehrsbedeutung. Geht doch ein Hauptteil unseres Holzexportes z. Zt. auf dem Neckar zum Rheine und ins Ausland. „In dem wohleingerichteten Heilbronner Hafen werden „große Mengen mit der Eisenbahn von weither zugeführter Stammhölzer als „Flöße eingebunden und nach Mannheim geführt." [1]) Schiffbar ist der Neckar von Cannstadt ab, von hier bis Heilbronn ist er mit bedeutenden Kosten durch Wehre und Schleußen künstlich schiffbar gemacht. Bedeutend ist aber nur der Verkehr von Heilbronn bis zum Rheine, auf welcher Strecke seit 1842 sehr viel für die Erhöhung der Schiffbarkeit geschehen ist. Ob dieselbe noch eine weitere durchgreifende Veränderung und Erhöhung erfahren kann, ob jemals die großen Rheinschiffe ohne Umladung den Neckar befahren werden, muß vorläufig dahingestellt bleiben. Innerhalb der von der Natur gesetzten Grenzen ist aber nahezu alles geschehen, um den Neckar für den Verkehr ergiebig zu machen.

Heilbronn hat einen ganz modern eingerichteten großen Hafen, den Karlshafen (außerdem einen Floßhafen, einen „Winterhafen" und den „Wilhelmshafen" beim Hauptzollamt); die Württembergische Regierung, welche erst viele Millionen Mark in wenig rentablen Eisenbahnen zu Gunsten des Handels, der Industrie und des allgemeinen wirtschaftlichen Aufschwungs angelegt hatte, zögerte nicht, die Dampfkettenschiffahrt auf dem Neckar ins Leben zu rufen, bezw. dieses Unternehmen durch Garantien zu ermöglichen, und zwar schon frühzeitig (1878) und rechtzeitig genug, um das für die Volkswirtschaft geradezu unersetzliche Schiffergewerbe vor einer schweren Krisis zu bewahren. In einer vom kgl. württembergischen Ministerium des Innern im Jahre 1889 herausgegebenen Denkschrift [2]) über diesen Gegenstand finden wir nach der Schilderung des durch die Eisenbahnkonkurrenz bedingten

---

[1]) „Der Rheinstrom und seine wichtigsten Nebenflüsse", im Auftrage der Reichskommission zur Untersuchung der Rheinstromverhältnisse herausgegeben vom hydrographischen Centralbureau in Karlsruhe, Berlin 1889.

[2]) „Zur Frage der Wiedereröffnung der Schiffahrt auf dem mittleren Neckar" 1889.

Rückganges der Schiffahrt folgenden für die Motive der Regierung sehr bemerkenswerten Satz: „Man machte hauptsächlich in England, in den Ver=
„einigten Staaten von Nordamerika und in Frankreich, aber auch bei uns,
„z. B. am Rheine, die überraschende, die Haltung der Regierungen
„beeinflußende Erfahrung, daß Eisenbahn und Binnenschiff=
„fahrt sich nicht notwendig eine sich gegenseitig ausschließende
„Konkurrenz bereiten, sondern unter Umständen sich wechsel=
„seitig ergänzen und fördern. Daher regten sich allerorten die Be=
„strebungen nach einer Verbesserung der Binnenschiffahrt, und anerkannten
„auch die Regierungen die Notwendigkeit einer dadurch zu
„erzielenden systematischen Ergänzung des Eisenbahnnetzes."
Alles in Allem hat die Kettenschiffahrt für den Bezug und Absatz der Neckargegend recht beachtenswerte Dienste geleistet und der wirt= schaftlichen Hebung dieser Gegend gedient.

„Die Neckar=Schiffahrt gereichte vor allem zum Vorteile des Handels
„und der Industrie von Heilbronn, des Betriebes der Salinen Jagstfeld
„und Wimpfen, der Verwertung der Waldprodukte des Odenwaldes
„und des Reichtums an Bausteinen im Neckarthale und einer zahl=
„reichen Bevölkerung die von der Landwirtschaft sich nicht
„ernähren könnte und so im Schiffahrtsbetriebe und in den
„von der billigen Verfrachtung auf dem Wasser abhängigen
„Wald= und Steinbruchsarbeiten Verdienst findet."[1])

Einen allgemeineren größeren Transitverkehr auf dem Neckar vermochte jedoch die Kettenschleppschiffahrt allein nicht ins Leben zu rufen, was im Auge zu behalten ist. Weder zu Berg in Kolonialwaaren, Kohle, Eisen u. s. w. nach Schwaben, Bayern oder Oesterreich, noch zu Thal in Industrieartikeln, Getreide oder anderen Landes= produkten (abgesehen vom bayerischen Holz) aus einem weiteren Hinterlande finden wir einen größeren Umschlagsverkehr. Weder nach Würzburg noch nach Ansbach oder Eichstätt kam z. B. die Ruhrkohle in Kombination von Neckarschiffahrt und Eisenbahnfracht. Soweit Bezug und Absatz dieser Gegen= den auf den Rhein hingewiesen sind, erfolgt der Umschlag in den Rheinhäfen, insbesondere in Mannheim, von Schiff zur Bahn bezw. von der Eisenbahn ins Rheinschiff. Der doppelte Umschlag vom Rheinschiff ins Neckar= schiff und von diesem in Heilbronn oder Cannstatt auf die Eisenbahn würde den Transport derartig vertheuern, daß der Frachtvorteil, welchen die billige Wasserstraße gegenüber der Eisenbahn bietet, schon wesentlich reduziert würde. Dazu kommt noch, daß viele Güter, wie z. B. die Kohle einen mehrmaligen oder auch nur einmaligen Umschlag nicht vertragen können, weil sie durch

---

[1]) „Der Rhein und seine wichtigsten Nebenflüsse ꝛc."

desselben gegenüber der auf der Eisenbahn bezogenen gleichen Warenart minderwertig werden.

Diese Erfahrungen in unseren Nachbarstaaten sind sehr wichtig für die Beurteilung unserer Wasserstraßenfrage, ganz abgesehen davon, daß die dortigen Verhältnisse auf unsere eigenen in vieler Beziehung von Einfluß sind oder werden können.

Die Erfahrung, daß die Kettenschleppschiffahrt allein nicht im Stande sei, einen größeren Transitverkehr und einen direkten Handel vom Rheine nach den Donauländern in den Neckarstädten ins Leben zu rufen, reifte in Württemberg das Projekt einer vollständigen Neckarkanalisierung und eines Neckar-Donaukanals, welcher unterhalb Cannstadt seinen Ausgang nehmen, mit Benützung des Rems- und Brenzthales den schwäbischen Jura überschreiten und wohl bei Gundelfingen in die Donau einmünden soll.[1])

Die wirtschaftlichen Grundlagen für diese Idee sind ähnliche, wie bei dem neuen Main-Donaukanalprojekte. Man denkt in erster Linie an eine große Transitverkehrsstraße. Die realen Schwierigkeiten für die Verwirklichung des Gedankens sind aber noch wesentlich größere bei dem württembergischen Projekte als bei dem bayerischen. Die Wasserscheide zwischen Neckar und Donau muß in einer Höhe (ca. 500 Meter) überschritten werden, welche für Kanäle bei uns bisher ungewöhnlich ist.[2]) Der höchste Kanal in Deutschland, der Ludwigs-Donau-Mainkanal, liegt mit seiner Scheitelhaltung auf 418 Meter und hat schon, wie ja die Freunde des Neckar-Donauverkehrs stets hervorheben, stark unter dem Wintereis zu leiden. Die Steigung an sich ist dagegen keine allzugroße, da die Donau an der Mündung der Brenz auf rund + 435 Meter liegt. Der Aufstieg zur Wasserscheide beträgt also 65 Meter, von hier bis Cannstadt ist ein Gefälle von 280 Meter hinabzusteigen. Die Hauptschwierigkeit liegt aber unseres Erachtens darin, daß nicht bloß der ganze Neckar bis Cannstadt, sondern auch die ganze obere Donau über Donauwörth hinaus bis Gundelfingen für die großen Rheinschiffe zum Zwecke eines direkten Rhein-Donauverkehrs ganz wesentlich umgestaltet, daß in beiden Flüssen eine Fahrwassertiefe von ca. 2 Meter hergestellt, somit also nicht bloß der Neckar, sondern auch die Donau von Gundelfingen bis Regensburg kanalisirt werden

---

[1]) Nach neueren Mitteilungen soll sich jetzt auch die badische Regierung mit dem Projekte beschäftigen. Nach einem von dem Baurat Hocheisen im Vereine für Baukunde in Württemberg gehaltenen Vortrage sollen die Kosten für den Neckar-Donaukanal pro Kilometer auf 400 000 ℳ, für die Kanalisierung des Neckars auf 100 000 ℳ, die Gesamtkosten für die ganze Rhein-Neckar-Donau-Wasserstraße excl. Regulierung oder Kanalisation der oberen Donau 50 Millionen Mark betragen.

[2]) Nach Mitteilungen von Sympher, kgl. preuß. Wasserbauinspektor in Holtenau nach Götz: „Das Donaugebiet mit Rücksicht auf seine Wasserstraßen", Stuttgart 1882, sind 580 Meter bis Geislingen, bezw. 525 Meter bis Stopfingen zu überwinden.

müßte. Ohne direkten Verkehr würde der projektierte Kanal kaum die Bedeutung unseres Ludwigs-Donau-Mainkanals in seinen derzeitigen Verhältnissen erlangen, da dem letzteren durch eine Reihe von Industriestädten wenigstens ein nicht ganz unbedeutender Lokalverkehr gesichert ist.

Zu erwähnen sind noch die Bestrebungen, den Neckar-Donaukanal gar nicht auf bayerischem Boden zu führen, in Ulm einmünden zu lassen und hier durch Kanalisierung der vorhandenen Flußläufe der Wasserstraße eine Fortsetzung bis an den Bodensee zu geben. Auf alle Fälle ist der Neckar-Donaukanal ein ganz spezifisch württembergisches und badisches Projekt, dem das bayerische eines Main-Donaukanals gegenüber steht. Vor nunmehr hundert Jahren, als es lediglich galt, Kommunikation zwischen Kurbayern und der Kurpfalz herbeizuführen, hatte der Neckar, an dessen Ausmündung die kurpfälzische Hauptstadt Mannheim lag, für Bayern eine andere Bedeutung als heute, nachdem zu den altbayerischen Landesteilen die drei fränkischen Provinzen als ein in Bezug auf Größe, Bevölkerung und Betriebsamkeit den Stammlanden ebenbürtiger Bestandteil der Monarchie hinzugekommen sind.

Mit dieser Thatsache muß man rechnen, wenn man anders — ohne engherziger Partikularist zu sein — den Gedanken einer selbständigen bayerischen Staatsverwaltung festhält. Mit dieser Thatsache müssen vor Allem auch die bayerischen Interessenten des Neckar-Donauverkehrs bei ihren Bestrebungen für die Hebung der Schiffahrt auf der oberen bayerischen Donau rechnen. Die bayerischen Interessenten des Verkehrs auf der oberen Donau von Regensburg bis Ulm und des Neckar-Donauverkehres haben sich in dem süddeutschen Donauverein in Donauwörth organisiert und schon im Jahre 1889 in einer Denkschrift ihr Programm entwickelt.[1]) Danach erstrebte man, abgesehen von der Hebung der Schiffahrt auf der oberen Donau von Ulm bis Regensburg durch Dampfschiffahrt, die Einrichtung einer Dampferlinie Frankfurt-Wertheim mit Umschlag dortselbst auf die Main-Tauberbahn und Weiterleitung des Verkehrs nach Nördlingen und Donauwörth, dann die Neckar-Kanalisation einen Neckar-Donaukanal oder einen Main-Tauber-Wörnitz-Donaukanal mit Einmündung in Donauwörth, bei welchem Projekte Baden, Württemberg und Bayern sich in vollster Harmonie befinden müßten, wenn die Ausführung möglich sein sollte. Hand in Hand mit diesem an sich natürlich ganz berechtigten Bestrebungen ging eine litterarische Diskreditierung der Donau-Mainkanalidee, der jede Zukunft abgesprochen wurde.[2])

---

[1]) Plan eines Interessentenvereins für den Rhein-Donauverkehr und einer Transportgesellschaft „Rheno-Danubia", eine Denkschrift von Otto v. Breitschwert. L. Auer, Donauwörth 1889.

[2]) Auch Götz in seinem Werke über das ganze Donaugebiet zeigt eine etwas einseitige Vorliebe für den Neckar-Donauverkehr und bezeichnet u. A. Ulm als die einzige durch industrielle und merkantile Thätigkeit hervorragend aktive Stadt im Donaugebiete oberhalb Wien.

Es stand zu erwarten, daß dieses Programm der oberen Donaugegend, der das Verdienst zukommt, an der Wiederaufnahme der Wasserstraßenpolitik in Bayern mitgearbeitet zu haben, heute nach der veränderten Sachlage in Bayern eine entsprechende „Durchsicht und erneute Auflage" erfahren werde. Leider ist das bis jetzt noch nicht mit Entschiedenheit geschehen. Auch eine der neuesten Publikationen des süddeutschen Donauvereins[1]) zeigt sich dem Projekte eines Umbaues der gesamten bereits bestehenden bayerischen Main-Donauwasserstraße Aschaffenburg-Passau nicht gewogen. Man spricht, wie dies auch von den Gegnern des Projektes geschieht, mit Vorliebe von „Hunderten von Millionen", welche für das Werk notwendig seien, hält die völlige Mainkanalisierung für bedenklich, stellt die Gefahren, welche für die Mainflößerei aus dem Projekte erwachsen, in den Vordergrund u. s. w.

In Ergänzung dieser Publikation wurde dann in der Presse kürzlich der Standpunkt vertreten, einen Main-Donaukanal auf bayerischem Gebiete wenigstens schon von Ochsenfurt a. M. ab nach Donauwörth zu tracieren.

Vor einiger Zeit ist nun auch in den Mitteilungen des Wiener Donauvereins[2]) ein Aufruf der Interessenten der oberen Donau erschienen, der auch sonst die weiteste Verbreitung in jener Gegend gefunden hat und gegenüber der „fränkischen Strömung" bei den Bestrebungen zur Hebung der bayerischen Fluß- und Kanalschiffahrt die Interessen des „südwestlichen Bayerns" gewahrt wissen will. Diese Interessen würden nach dieser Darstellung auf Jahrzehnte zurückgedrängt werden, wenn das „Riesenwerk" in Franken, ein „Werk von europäischer Bedeutung", durchgeführt würde. Prinz Ludwig von Bayern habe am 25. März einer Deputation des süddeutschen Donauvereins versichert, daß er sein höchstes Wohlwollen ebenso wie auf die Rhein-Donauwasserstraße, auf die Bestrebungen zur Hebung der Schiffahrt auf der oberen Donau gerichtet halte. Er wird aber sicherlich kein Freund jener Bestrebungen sein, welche sich in einen Gegensatz zu der sogenannten „fränkischen Strömung" für einen Umbau der Aschaffenburg-Passauer Wasserstraße stellen.

Es läßt sich nicht bestreiten, daß es auch in Bayern Interessenten des Neckar-Donau-Verkehrs gibt, im südwestlichen Teile der Monarchie einerseits, im Ludwigshafen und einigen anderen pfälzischen Plätzen andererseits. Allein das Schwergewicht der in Bayern zu inaugurierenden Wasserstraßenpolitik muß der überwiegenden Bedeutung für das Land entsprechend auf den Main-Donauverkehr gelegt werden, auf eine leistungsfähige Main-Donauwasserstraße, welche das rechtsrheinische Bayern mitten durchschneidet und welche in die von Ulm bis in's schwarze Meer hinab freie und schiffbare

---

[1]) Bericht über die Zweite Generalversammlung des süddeutschen Donauvereins, abgehalten den 14. März 1893 in Donauwörth.
[2]) Danubius, Wien 1893, Nr. 15.

Donau einmünden soll. Der Donau Maintanal muß die Verkehrsbasis werden auch für die obere Donau von Ulm bis Kelheim, während auf der anderen Seite für die bayerische Rheinpfalz sich andere Probleme hinsichtlich der Wasserstraßen darbieten, bei denen unsere pfälzischen Landsleute durchaus nicht in eine verkehrspolitische Konkurrenz mit den Gegenden der Main-Donauwasserstraße, geraten. Es muß uns in Bayern doch mehr darauf ankommen, unserer eigenen fränkischen Industrie einen neuen billigen Verkehrsweg zu erschließen, als den Export der „Fabrikate des Neckargebietes und des Rheingebietes"[1]) zu fördern.

Für den Neckar-Donaukanal mögen die württembergischen Interessenten selbst wirken — und wird dies auch von der württembergischen, sowie seitens der badischen Regierung geschehen — wir Bayern arbeiten an unserem Main-Donaukanal.

Soweit sich das Programm der oberen Donaugegend auf die Wiedereinführung der Dampfschiffahrt auf der oberen bayerischen Donau bezieht, wobei man nach den neuesten Publikationen eine Minimalfahrwassertiefe von 1,2 Meter und einen Verkehr von 200 T Schiffen erstrebt, wird dasselbe auch von den übrigen bayerischen Gegenden unterstützt werden können und thatkräftig unterstützt werden. Daß erst nach Fertigstellung der ganzen Main-Donauverkehrsstraße mit der Verbesserung der oberen Donau und überhaupt mit der Lösung anderer schwebender Fragen begonnen werden soll, wie es in jenem Aufrufe heißt, ist eine durchaus irrtümliche Annahme. Auch in Preußen ist, wie wir gesehen haben, die systematische Verbesserung des Wasserstraßennetzes gleichzeitig an mehreren Stellen begonnen worden. Gleiches geschieht, wie wir sehen werden, in Oesterreich-Ungarn.

Die Bestrebungen zur Hebung der Schiffahrt auf der oberen Donau wären schon lange in weiteren Kreisen Bayerns populärer geworden, wenn sie nicht so centrifugal aufgetreten und mit einer steten Polemik gegen die Main-Donauverkehrsinteressen verquickt gewesen wären. Wenn man nämlich die Kanalisierung des Mains ohne zwingende Gründe für „bedenklich" erachtet, so könnte es kommen, daß die Mainschiffahrtsinteressen ihrerseits die Regulierung der oberen Donau für „bedenklich" halten. Wenn die obere Donaugegend rückhaltslos für das Main-Donaukanalprojekt eintritt, dann werden die Interessenten dieses Projektes ebenso rückhaltslos für die Verbesserung der Schiffahrt der oberen Donau eintreten. Dies gibt auch eine Bürgschaft dafür, daß die Bestrebungen an der oberen Donau nicht auf Ablenkung des Rhein-Donauverkehrs zum Neckar hin gerichtet sind, sondern dem Rahmen der bayerischen Gesammtbestrebungen sich anpassen.

Weniger leicht als die Interessen der oberen Donau von Ulm bis Kelheim geraten die Interessen der südwestlichen bayerischen Binnenschiffahrt

---

[1]) Götz, a. a. O. S. 456.

in einen Konflikt mit anderen Bestrebungen in Bayern. Lindau und die südwestliche Ecke von Bayern ist von Natur aus auf den Bodensee und damit auf den Oberrhein hingewiesen. Wie die bayerische Rheinpfalz ein Interesse hat an der ausgiebigen Schiffbarkeit des oberen Rheinlaufes von Basel bezw. Straßburg bis Speyer, eventuell an einem linksseitigen Seitenkanal hiezu und später vielleicht an einem ferneren Anschlusse an das französische Kanalnetz durch eine Wasserstraße nach dem Westen, so muß Lindau und das südwestliche Bayern die Wiederaufnahme der Schiffahrt auf dem obersten Rheinlaufe, insbesondere auf der Rheinstrecke Bodensee-Basel-Straßburg und damit einen Anschluß an das westliche Kanalnetz erstreben. Zur Zeit wird der Rhein oberhalb des Bodensees bis Chur mit ganz leichten kleinen Kähnen aus Tannenholz, den sog. Weiblingen, bei gutem Wasserstande mit den Segelschiffen des Bodensees bis Rheineck hinauf befahren. Was diese Rheinstrecke oberhalb des Bodensees anlangt, so ist hierauf der am 30. Dezember 1892 abgeschlossene Staatsvertrag zwischen Österreich und der Schweiz betreffend die Rheinregulierung, von großem Einflusse und zwar in erster Linie natürlich hinsichtlich der Landesmelioration und der Regulierung des Hochwassers. Auf dem Bodensee selbst stellen mehr als 30 größere Dampfer die Verbindung der an den Ufern einmündenden Eisenbahnen her und die sog. „Trajektschiffe" befördern die Güterwagen. Auch der Verkehr von Lastschiffen ist nicht ganz unbedeutend, aber der ganze Bodenseeverkehr schließt z. Zt. in Schaffhausen vollständig ab. Hier ist nun ein weiteres Wasserstraßenproblem gegeben, an welchem auch Bayern in hohem Grade interessiert ist. Es gilt der Regulierung des Rheines, vor allem der Umgehung des Wasserfalls bei Schaffhausen und einer weiteren Regulierung oder Kanalisierung[1]) der ganzen Rheinstrecke bis Basel und Straßburg, um dadurch den Bodensee zu einem großen, weit nach dem Osten vorgeschobenen Hafenbecken des westlichen Wasserstraßennetzes zu machen.

Erst wenn dieses Ziel erreicht ist, dann wird auch von einem die Donau mit dem Bodensee verbindenden Kanal die Rede sein können, dem unter anderem die Aufgabe zufallen würde — abgesehen von dem bayerischen Export — in Konkurrenz mit der Arlbergbahn österreichische Produkte nach der Schweiz und nach Frankreich zu leiten. Von Ulm (468 Meter ü. d. M.) aus z. B. könnte der Bodensee (395 Meter) über einer Wasserscheide von 570—580 Meter durch einen Kanal von 103 Kilometer Länge erreicht werden. Der Wasserweg von Wien bis an den Bodensee würde alsdann 770 Kilometer lang sein und fast genau der Bahnlänge Wien-Bregenz über dem Arlberg gleichkommen.[2]) Die Idee einer Erschließung des Bodensees für die

---

[1]) Wird ja doch auch die obere Oder in Preußen z. Zt. kanalisiert.
[2]) P. Klunzinger, Vortrag gehalten im österreichischen Ingenieur- und Architektenverein 29. Dezember 1888.

Schiffahrt nach dem Westen kann an historische Thatsachen anknüpfen. In früherer Zeit, als man weit geringere Anforderungen an die Schiffahrt stellte und in Ermangelung der Eisenbahnkonkurrenz auch stellen konnte, wurde bereits eine rege Schiffahrt vom Bodensee bis Basel betrieben. Die Waren wurden in Schaffhausen ausgeladen, auf dem Landwege bis unterhalb des Rheinfalles gebracht und von hier auf flachgebauten Fahrzeugen weiterbefördert. Ebenso wurden die Floßhölzer oberhalb Schaffhausen ausgeschleift und unterhalb des Rheinfalles wieder zu Flößen zusammengebunden. Diesem Verkehr sowie auch der sehr alten auf der Are, Linth, Limmat und den Schweizer Seen, also vom Rheine bis tief in die Schweiz hinein, betriebenen Handelsschiffahrt wurde nach Entwicklung des Chausseenetzes und besonders durch die Eisenbahn ein Ende gemacht. Mit welchen Schwierigkeiten dort die Schiffahrt damals kämpfte, läßt sich daraus entnehmen, daß oberhalb Laufenburg die Schiffe entladen und durch die Gilde der „Laufenknechte" mit langen Tauen durch die Engpässe und Stromschnellen gezogen und unterhalb der gefährlichen Stelle wieder beladen wurden.[1]

Heutzutage wählt der Handel die Wasserverkehrswege nur, wenn sie ihm Vorteile gegenüber der Eisenbahn bieten, und deshalb ist der Rhein vom Bodensee bis Basel als Schiffahrtsstraße gegenwärtig vollständig verödet.

Aber es steht zu hoffen, daß mit der erhöhten Wertschätzung der Wasserstraßen für den Güterverkehr, die sich immer mehr Bahn bricht, auch am Bodensee und besonders in Lindau ein bedeutender Ein- und Ausfuhrhandel für ein großes Hinterland durch die Oberrhein-Schiffahrt hervorgerufen wird. Wenn man sich von den großen Schwierigkeiten, welche der Rheinlauf bietet, nicht abschrecken läßt, vielmehr Anschluß an andere Wasserstraßenfreunde und -Interessenten in Bayern sucht und vor allem die Interessenten der dortigen Gegend über die hohe Bedeutung der Frage unterrichtet, so wird bald die Bodenseeschiffahrtsfrage in den weitesten Kreisen Beachtung finden und ihrer Lösung entgegen geführt werden.

Es ist nicht unsere Absicht, der technischen Lösung dieser für den Bodensee so wichtigen Frage irgendwie vorgreifen zu wollen, wir stellen dieselbe vielmehr hiemit zur Diskussion. Es ist wohl möglich, daß der dortige Rheinlauf wegen seiner hohen Ufer sich zur Kanalisation eignet und daß durch Korrektion das gewünschte Ziel nicht erreicht wird. Sicher aber ist, daß — wie auch in der offiziellen Denkschrift „der Rheinstrom und seine wichtigsten Nebenflüsse" ausdrücklich hervorgehoben wird, — für die deutsch-schweizerische Rheinstrecke hinsichtlich der Schiffbarmachung durch Korrektionsarbeiten nahezu noch gar nichts geschehen ist. Vielleicht wird es dahin kommen, daß der Rheinfall von Schaffhausen wie der Niagarafall in Amerika seinen „Erie-Kanal" erhält.

---
[1] Vetter: Die Schiffahrt, Flößerei und Fischerei auf dem Oberrhein von Schaffhausen bis Basel. 1864.

Doppelt wichtig wird die Frage der deutsch-schweizerischen Rheinschiffahrt für das südwestliche Bayern und die des Donau-Mainkanals für die übrigen Teile des rechtsrheinischen Bayern, wenn die Stromverhältnisse des Oberrheins von Speyer bis Straßburg so geregelt sind, daß entweder auf dem Strome selbst, oder auf einem Seitenkanale, die jetzt nur bis Mannheim gehende Rhein-Großschiffahrt bis Straßburg ausgedehnt wird. Daß dies bald geschehen wird, das läßt vor allem die in jüngster Zeit einberufene Konferenz der beteiligten Regierungen erkennen. Bedeutungsvoll sind auch die von dem Großherzog von Baden kürzlich ausgesprochenen Worte, daß Straßburg ebenso wie Mannheim in die Höhe kommen werde, wenn die Oberrheinregulierung, welche jetzt von den beiden Staaten Baden und Elsaß-Lothringen energisch in die Hand genommen werde, in nicht allzu langer Zeit durchgeführt sei. Es werden auch bereits Vorarbeiten für einen Kanal vom Rhein nach Karlsruhe, um auch diese Stadt wie Frankfurt zur Rheinstadt zu machen, in Erwägung gezogen.

Ist aber die Frage der Oberrheingroßschiffahrt von Mannheim bis Straßburg oder gar Basel gelöst, dann ist für das rechtsrheinische Bayern die Gefahr der Umgehung durch benachbarte leistungsfähige Wasserstraßen und die Gefahr der indirekten Schädigung der heimischen Volkswirtschaft infolge erhöhter Konkurrenzfähigkeit der benachbarten Länder abermals erhöht und der Anschluß an die Rheinschiffahrt durch eine leistungsfähige Rheindonauwasserstraße einerseits, eine lebensfähige Bodensee-Rheinschiffahrt anderseits um so dringender veranlaßt, als Bayern im Interesse der Pfalz unbedingt selbst an der Erhöhung der Leistungsfähigkeit des Oberrheins bezw. an der Herstellung eines Seitenkanals mitarbeiten muß.

Noch mehr Gefahr als vom Westen her droht der rechtsrheinischen bayerischen Volkswirtschaft von der weiteren Entwickelung der österreichischen Wasserstraßen, wenn derselben die Ausbildung unseres eigenen Wasserstraßennetzes nicht gleichen Schritt hält. Im letzteren Falle dagegen kommt — abgesehen von den böhmischen und mährischen Kanalprojekten[1]) — das meiste, was in Oesterreich-Ungarn für die Wasserstraßen geschieht, auch uns in Bayern direkt zu gute. Insoferne unsere bayerische Donau, auf welche ein rechtsrheinisches bayerisches Wasserstraßennetz von Süden und vom Maine her stets hingewiesen ist, das oberste Glied der wichtigsten volkswirtschaftlichen Lebensader der ganzen österreichisch-ungarischen Monarchie bildet, wird es begreiflich, daß erst die Wiederaufnahme der Wasserstraßenpolitik in Österreich-Ungarn erfolgen mußte, bevor dies in Bayern geschehen konnte. Erst jetzt, da das kolossale Werk der Schiffbarmachung des ganzen großen österreichisch-ungarischen Donaustromes seiner Vollendung entgegengeht, konnte der Gedanke in

---

[1]) In einer Beziehung auch diese selbst, wenn man nämlich den Wasserweg von Regensburg zur Oder und Weichsel ins Auge faßt.

Bayern reifen, durch eine große künstliche mitteleuropäische Transitwasserstraße Anschluß sowohl an die Großschiffahrt des Rheines, wie an die der Donau zu suchen. Das ist der innere Grund für das Jahre lange Zurücktreten der Main=Donaukanalidee. Daß aber jetzt der Zeitpunkt gekommen ist, die große Idee König Ludwig I wieder aufzunehmen, das hat Prinz Ludwig von Bayern mit genialem Blick zuerst erkannt, er hat zuerst das von den Zeitereignissen gezeitigte Ziel gesteckt, welches jetzt in immer weiteren Kreisen gewürdigt wird.

Da die österreichisch=ungarischen Wasserstraßen für uns von großer Bedeutung, ja selbst wichtiger als die norddeutschen Wasserstraßen sind, — insoferne die Mittel= und Unterrheinregulierung beendet und auch die Weiterführung der Untermainkanalisation bis ans bayerische Gebiet projektiert ist —, da auch sonst die österreichisch=ungarischen Verhältnisse und Aktionen bei den Wasserstraßenreformen des letzten Jahrzehntes für uns in Bayern außerordentlich lehrreich sind, so sei es uns gestattet, vor der Präzisierung unserer eigenen bayerischen Binnenschiffahrtsfrage auch noch die Entwickelung in unserem östlichen und südlichen Nachbarlande auf Grund der hierüber vorhandenen reichhaltigen Literatur, der Parlamentsverhandlungen, sowie der Fachzeitschriften[1]) des Näheren darzustellen.

Für die österreichisch=ungarische Monarchie ist die Donau, welche von Passau bis Orsova eine Länge von 1360 Kilometer hat, ebenso die Hauptwasserstraße, wie für unseren bayerischen Staat die Aschaffenburg=Passauer Wasserstraße (710 Kilometer). Sie bildet die Basis für ein Wasserstraßennetz. Hier mußte also eine die Einrichtung der Wasserstraßen für den Verkehr als Kultur= und Staatsaufgabe betrachtende Staatsregierung vor allem einsetzen. Bei der Darstellung dieser Thätigkeit halten wir dem dualistischen Charakter der österreichisch=ungarischen Monarchie entsprechend die Aktionen der österreichischen und die der ungarischen Regierung auseinander. Wir beschränken uns, dem praktischen Zwecke unserer Betrachtung gemäß, auf die moderne Wasserstraßenpolitik, d. i. diejenige, die es sich zur Aufgabe setzt, die Leistungsfähigkeit der Wasserstraßen so zu erhöhen, daß dieselben neben dem modernen Verkehrsmittel der Eisenbahnen ihre volkswirtschaftliche Aufgabe

---

[1]) Ausschließlich diesem Gegenstande ist das Organ des Vereines für Hebung der Fluß= und Kanalschiffahrt in Österreich die Wochenschrift „Danubius" in Wien gewidmet. Von dem Herausgeber dieser Zeitschrift Louis Zels (Jzeles) sind auch zahlreiche Schriften über die österreichische Wasserstraßenfrage erschienen. Wir erwähnen davon: „Die Verkehrshemmnisse auf der Donau", Wien 1878, „Die Regulierungskosten der Donau", Wien 1880, „Donauregulierung und Kettenschiffahrt", Wien 1883, „Die Elbe", 1884, „Über Wasserstraßen", Wien 1887. Von den Drucksachen des II. Binnenschiffahrtkongreß heben wir hervor: „Die Monographien der Donau und der Elbe", 1886. Von den Drucksachen des Donauvereins: „Diskussion über die Tonage in der oberen Donau und über den Donaustrudel", 1885.

erfüllen können. Für die ältere — übrigens gerade in Österreich-Ungarn interessante — Periode[1]) waren, da es sich um die Konkurrenz der Landstraße und Wasserstraße handelte, ganz andere Gesichtspunkte maßgebend.

Für diese nichts weniger als intensiv und demgemäß auch nicht mit großen Fahrzeugen betriebene Schiffahrt mochten z. B. die in den 30er und 40er Jahren unseres Jahrhunderts vorgenommenen Sprengungen am sog. „eisernen Thore" bereits die „Regulierung" dieses Schiffahrtshindernisses bedeuten. „Die Dampfschiffe fahren seitdem ohne Gefahr darüber hinweg und die Schnellbote gehen sogar direkt von Wien nach Galatz ohne Umladung." So berichtet ein Zeitgenosse Szechenyis, des hervorragendsten Unternehmers jener älteren Regulierungsarbeiten am eisernen Thore. Man war sehr genügsam in Bezug auf Schiffbarkeit. Es kam auf ein paar Leichtungen und Umladungen der Schiffe nicht an, und wenn man nicht weiter konnte, so wartete man eben zu, bis das Hindernis beseitigt war. Noch in den 30er Jahren mußten die Dampfer oft 20—30 Pferde Vorspann nehmen, um den Strudel bei Grein zu überwinden. Oft sammelten sich ganze Flotten von mehreren Hundert Schiffen an, deren Frachtführer nach dem Berichte von Zeitgenossen oft wochenlang mit Geduld und Kartenspiel einer „baldigen" Fortsetzung der Fahrt entgegensahen. Diese „gute alte Zeit" ist vorüber, der gewaltig zugespitzte Kampf ums Dasein hat auch für das Schiffergewerbe Geltung erlangt, es muß heute in Konkurrenz mit der Eisenbahn großes leisten, wenn es nicht allmählich untergehen will. Soll es nicht der sicheren Vernichtung preisgegeben werden, so müssen die Wasserverkehrsstraßen so ausgebaut werden, daß sie die Großschiffahrt ermöglichen.

Die erste große moderne Aktion der österreichischen Regierung nach dieser Richtung war die Regulierung der Donau bei Wien von 1869—75, deren unmittelbare Veranlassung die ständige Gefährdung Wiens durch Hochwasser war. Wie verwildert die Donau bei Wien vorher war, wie sehr sie, ganz abgesehen von der Schiffahrt, durch Ueberschwemmungen die Gegend bedrohte, das möge man z. B. in der im Jahre 1848 erschienenen interessanten Schrift des Freiherrn v. Forgatsch[2]) nachlesen. Mit einem von Ober- und Niederösterreich getragenen großen Kostenaufwand, wurde nun u. a. der Donau bei Wien ein neues Bett gegraben, in welchem die Hochwasserfluth ihre Ableitung fand. Während die gewöhnlichen Arbeiten für Uferschutz und Flußregulierungen, die ja auch in Österreich wie in Bayern, seit der Mitte des Jahrhunderts ihren langsamen Fortgang nehmen, aus etatmäßigen Mitteln gedeckt wurden, erforderte dieses seiner Zeit viel Aufsehen erregende Werk einen so großen Kostenaufwand (24,6 Mill. Gulden), daß wir nach dieser Richtung hin nur den Bau unseres Ludwigskanals gegenüber stellen können.

[1]) s. Zels „Schiffahrtskanalprojekte aus der Josefinischen Zeit." Wien 1882.
[2]) „Die schiffbare Donau von Ulm bis in das Schwarze Meer." Frkft. a. M. 1848.

Nach der durch die stete Hochwassergefahr beschleunigten Donauregulierung bei Wien trat wieder ein gewisser Stillstand in dem großen Werke des Ausbaues der österreichischen Donauwasserstraße ein. Das ganze öffentliche Interesse galt der Vollendung des Eisenbahnnetzes und nicht in letzter Linie der großen wirtschaftlichen Krisis, welche allmälig sich vorbereitete und schließlich hereinbrach. Auch der Berliner Vertrag, durch welchen Oesterreich-Ungarn ein europäisches Mandat für die Regulierung des eisernen Thores gegen Erhebung einer péage auf der sonst zollfreien Donau erhielt, blieb vorerst ohne nennenswerte Wirkung. Die Schiffahrt kam infolge der einer Eisenbahnkonkurrenz nicht gewachsenen, mangelhaften Beschaffenheit der Wasserverkehrsstraßen in immer größere Schwierigkeiten. Die einst allmächtige erste k. k. priv. Donau-Dampfschiffahrtsgesellschaft, die Jahrzehnte lang der Stolz Österreichs gewesen war und noch in den sechziger Jahren das bayerische Donau-Dampfschiffahrtsunternehmen in sich aufgenommen hatte, sowie auch fünf ungarische Gesellschaften, die vergeblich gehofft hatten, durch ihre Vereinigung der österreichischen Gesellschaft gewachsen zu sein, dieses großartige Unternehmen sank infolge der schwierigen Verhältnisse der Schiffahrt und einer gleichzeitigen schlechten Verwaltung so tief, daß es vor dem Bankerott und der Auflösung stand. Doch es kam nicht so weit, die Schiffahrt ging nicht zu Grunde, dafür sorgte die ihr innewohnende volkswirtschaftliche Existenzberechtigung. Auf Bewegung folgt Gegenbewegung im volkswirtschaftlichen Leben, auf einseitiges Vorgehen fast stets der Rückschlag. Es ist für den Verkehrspolitiker eine höchst interessante Erscheinung, wie fast in demselben Zeitpunkte — wir können praeter propter das Jahr 1878 festhalten — allerorts in den verschiedenen Ländern eine allgemeinere Gegenbewegung gegen die mit Vernachläßigung der Wasserstraßen verbundene einseitige Ausbildung des Eisenbahnwesens sich geltend machte. Es sei nur an die 800 Millionen Franks-Vorlagen Freycinets für die Erweiterung der französischen Kanäle erinnert, mit deren Ausführung um diese Zeit begonnen wurde, an die in diese Jahre fallende Initiative des preußischen Ministers Maybach u. A.

Auch für Österreich bedeutet das Jahr 1878 einen wichtigen Wendepunkt. Der Wiener Donauverein begann jetzt seine rastlose Wirksamkeit zunächst für die Vollendung der Donauregulierung und sodann für den Ausbau eines Wasserstraßennetzes mit der Donau als Basis. Dieser Verein, unterstützt von der Presse, wenn auch nicht von der gesamten, unterstützt durch ein spezielles, flott redigiertes Organ, den „Danubius", leistete Großes. Er deckte die krassen Mißstände auf, die innerhalb der ersten österreichischen Donauschiffahrtsgesellschaft herrschten, er bewirkte die planmäßige und energische Inangriffnahme der Donauregulierung und machte den heute nach 15 Jahren der Verwirklichung näher rückenden Plan eines Donau-Oder- und Elbekanals populär. Die österreichische Regierung „verfolgte die Gestionen des Vereins in allen Phasen der Entwickelung" und wenn auch manche seiner Wünsche nur langsam der Erfüllung entgegen gehen, so dürfte ihn doch die Erwägung zum Ausharren bestimmen, daß er immerhin manchen anderen Gegenden um ein gutes Stück voraus ist, daß eines seiner Hauptziele, der Ausbau der das ganze Land durchfließenden Hauptwasserstraße, welche in ihrem früheren Zustande den modernen Anforderungen an die Großschiffahrt nicht mehr entsprach, seiner Vollendung nahe steht und daß damit dem erstrebten Wasserstraßennetze wenigstens einmal eine leistungsfähige Basis geschaffen wird.

Mit der Agitation des Donauvereins setzt gleichzeitig die parlamentarische Aktion mit einem früher ungewohnten Zielbewußtsein ein. Bereits im Jahre 1879 wird ein Ausschuß zur Beratung des Friedmannschen Antrages „für Verbesserung der Wasserstraßen und Anlage neuer Schiffahrtswege in Österreich" eingesetzt. Gleichzeitig wurden zwei Subkomités mit der Aufgabe betraut, die Verbindung der Donau mit der Oder, sowie mit der Elbe und Moldau zum Gegenstand ihrer Beratungen zu machen. In der Sitzung vom 23. November 1879 kam auch das Referat des einen Subkomités über den Bau eines Donau-Oderkanals im Plenum des Abgeordnetenhauses zur Verhandlung und es wurde von demselben die Resolution gefaßt: „Die hohe Regierung wird aufgefordert, mit thunlichster Beschleunigung Erhebungen behufs Herstellung einer Wasserstraße zwischen der Donau bei Wien und der Oder bei Oderberg vorzunehmen, eventuell auf Grund dieser Erhebungen eine Gesetzesvorlage zur baldigen Durchführung dieser Wasserstraßen einzubringen."

So hatten also die Wasserstraßenfreunde in Österreich von Anbeginn an die Volksvertretung selbst für ihre weitgehendsten Pläne auf ihrer Seite. Auch einen, leider frühzeitig durch den Tod abgerufenen, hohen Protektor erhielten sie in der Person des österreichischen Kronprinzen Rudolph und sie hatten auch die Freude, den zweiten internationalen Binnenschiffahrts-Kongreß (1886) in Wien tagen zu sehen. Eine weniger geneigte Stellung nahm die österreichische Regierung — mit der Konsolidierung der erschütterten Finanzen beschäftigt — den großen Wasserstraßenprojekten gegenüber ein. Valutaregulierung geht vor Flußregulierung, mag sich der österreichische Finanzminister gedacht haben und dessen Votum blieb in dieser Frage entscheidend. Aber nur hinsichtlich der weitergehenden auf den Ausbau eines gesamten österreichischen Wasserstraßennetzes gerichteten Bestrebungen leistete die Regierung beharrlichen Widerstand, dem Ausbau der Hauptwasserstraße widersetzte sie sich nicht. So kam es, daß die Haupttätigkeit für die Wasserstraßen im letzten Jahrzehnte der Donau galt. Diese seit den 80er Jahren stattfindenden Arbeiten sind besonders:

1. Die Regulierung der Donau in Niederösterreich ober- und unterhalb Wiens.
2. In Ober-Österreich besonders die Regulierung des Struden.

3. **Die Kanalisierung des sog. „Wiener Donaukanals".** Durch Vertiefung dieses Flußarmes mittels Schleußen soll ein bis in die Stadt hinein reichender großer Donauhafen gemacht werden. Hiefür sind 10 Millionen Gulden bereits bewilligt, doch wird der nun einmal gefaßte Plan „Groß-Wien" nicht blos hochwasserfrei, sondern zur wirklichen Donaustadt und zur Handelsmetropole des österreichischen Donaugebietes zu machen, noch manche weitere Million Gulden kosten. Daß dies im Interesse der Entwickelung der Stadt Wien nicht zu vermeiden ist, hat der bekannte österreichische Abgeordnete und Nationalökonom Professor Dr. Eduard Sueß recht prägnant in einer am 20. Mai 1891 im Donauklub gehaltenen Rede ausgesprochen. Er verlangte, daß der Wiener Donaukanal einen konstanten Wasserstand von 3 Meter erhalte und hoffte, dies könne durch Schleußen erreicht werden. Dann würden aber auch in Wien Lagerräume und Magazine in direkter Verbindung mit der Schiffahrt entstehen, was für Wien „ein ungeheurer Vorteil" sei. Der Vortragende wies an der Hand statistischer Daten nach, wie der Verkehr auf der Donau immer mehr gesunken sei und bemerkte: „Wir haben hier 14 Kilometer regulierte Stromlänge, Berlin hat 26 Kilometer; wir haben 7—8 Krahne, Berlin 50—60; hier verkehren zu Wasser 700 000 Tonnen, in Berlin mit der elenden Spree 4½ Millionen Tonnen. Daraus ersehen Sie, was reguliertes Wasser für den wirtschaftlichen Verkehr bedeutet. In Wien beträgt der Prozentsatz des Gesamtverkehrs zu Wasser 11 %, in Berlin 49 %. Haben in Berlin die Eisenbahnen durch den Ausbau der Wasserstraßen gelitten? Nein, der **allgemeine Wohlstand hat sich gehoben, das Land ist reich geworden. Ohne Wasserstraßen gibt es keinen Welthandel. Sapienti sat."**

Die Thätigkeit, Wien zu einem Hauptplatz des Wasserverkehrs zu machen, ist also im vollem Gange und der Zeitpunkt abzusehen, da Wien auch in dieser Beziehung den übrigen europäischen Großstädten, die ja fast durchweg Wasserverkehrsplätze und zumeist Knotenpunkte von mehreren Wasserstraßen sind, sich ebenbürtig anreihen wird. Es wird dann, nachdem ja Leipzig bereits die kanalisierte Saale in der Nähe hat und weitere Wasserstraßenverbindungen mit Energie anstrebt, nachdem selbst Karlsruhe einen Rheinkanal zu bauen beschließt, keine Großstadt mehr in Mitteleuropa geben, die nicht eine mehr oder weniger hervorragende Bedeutung im Wasserverkehr einnimmt, außer München. Aber auch diese Stadt — inmitten der wasserreichen, ebenen Gegend südlich der bayerischen Donau gelegen — wird eine Verbindung mit der Donau anstreben, da sie ohne eine Wasserverkehrstraße in ihrer wirtschaftlichen Entwickelung zurückbleiben würde.

Im Einzelnen ist bezüglich der österreichisch-ungarischen Binnenschiffahrt noch folgendes[1]) von Interesse:

---

[1]) Die folgenden Zahlen nach Elwein: „Die Staatskosten für den Wasserbau in Österreich-Ungarn und Preußen in den letzten 10 Jahren", Danubius Nr. 21/1894.

Das Netz der befahrenen Fluß- und Kanalstrecken der im österreichischen Reichsrate vertretenen Länder beträgt 6486 Kilometer; mit Dampfschiffen werden befahren 1310 Kilometer. (!) — Über den neuesten Kostenaufwand sowie über das Programm der nächsten Zukunft geben nachstehende 3 Tabellen ein übersichtliches Bild:

1. Österreich. a) Regulierungskosten, effective Ausgaben des Staates in Gulden.

Name des Flusses	1884	1885	1886	1887	1888	1889	1890	1891	1892	1893	in der 10jährigen Bauperiode
Donau, Oberösterr.¹)	60 000	61 000	180 000	188 000	291 700	222 300	131 700	298 000	274 000	411 500	2 118 800
„ Niederösterr.²)	1 200 000	1 200 000	1 200 000	1 200 000	1 200 000	1 200 000	1 200 000	1 200 000	1 200 000	1 200 000	12 000 000
Inn	67 000	66 000	66 000	66 000	66 000	66 000	66 000	96 000	86 000	86 000	721 000
Salzach mit Saale	78 000	82 000	76 000	82 000	91 500	91 500	91 500	91 000	96 500	81 000	863 600
Traun	61 500	60 500	60 600	60 500	60 500	60 500	60 900	60 700	71 000	91 800	648 500
Enns	7 000	7 000	7 000	7 000	7 000	7 000	7 000	6 800	6 900	—	62 700
Elbe	145 000	130 000	250 000	264 000	220 000	100 000	260 000	282 400	112 400	50 000	1 814 400
Moldau³)	45 000	60 000	190 000	263 000	120 000	150 000	150 000	345 000	854 500	865 800	3 043 300
Murr	134 250	134 250	134 250	134 250	134 250	134 250	134 250	134 250	134 250	134 250	1 342 500
Save	40 000	63 000	63 000	52 300	52 800	63 200	63 000	91 000	42 300	45 100	505 000
Sann	29 000	42 000	42 000	42 000	42 000	42 000	35 000	35 000	28 000	28 000	330 000
Drau	217 000	250 000	250 000	250 000	250 000	250 000	250 000	250 000	295 000	295 000	2 537 000
March	—	—	—	2 000	2 000	2 000	2 000	2 000	2 000	2 000	14 000
Oder	—	—	5 000	23 000	1 000	2 000	1 000	11 000	11 000	11 000	94 000
Weichsel	20 000	10 000	—	—	—	—	—	—	—	—	—
Dunajec	156 000	193 000	191 300	210 000	181 000	181 700	181 800	192 800	185 300	191 500	1 864 400
San	30 000	30 000	41 000	46 000	47 0 :0	45 300	46 000	46 100	47 700	47 400	426 500
Dniester	63 000	63 000	84 000	88 000	103 000	102 300	116 500	117 500	129 600	128 200	985 100
Biskofa	67 000	75 000	80 000	80 000	82 000	81 000	80 600	80 800	71 900	100 900	799 200
Czeremos	5 000	5 200	10 400	10 300	10 300	10 200	10 600	10 600	10 400	11 300	94 300
Pruth	—	—	—	—	—	7 500	1 000	—	—	—	8 500
	12 000	13 000	18 000	18 000	24 000	21 600	13 000	—	10 300	10 000	139 900
Summa:	2 426 750	2 544 950	2 939 850	3 086 350	2 986 050	2 839 350	2 867 430	3 285 150	3 659 050	3 780 750	30 412 700

¹) Die Donau-Regulierung und Herstellung eines Umschlagsplatzes bei Linz und die Donau-Strudel-Regulierung bei Grein.
²) Die Regulierungsarbeiten wurden durch die Donau-Regulierungs-Kommission ausgeführt.
³) Der Schiffshafen in Karolinenthal wurde hergestellt, jener bei Holeschowitz wird im Jahre 1894 vollendet werden.

b) Normale Erhaltung. Für diese Arbeiten wurden aus Staatsmitteln in den 10 Jahren 8 404 300 fl. ausgegeben oder in Mittel per Jahr 840 400 fl.

2. Ungarn

a) Regulierungs-Arbeiten.

Für die Flüsse	1884	1885	1886	1887	1888	1889	1890	1891	1892	1893	Zusammen
Donau	1 754 300	1 547 000	1 633 500	1 373 000	1 239 700	1 239 800	1 296 100	1 368 600	1 460 900	1 639 600	14 552 700
Theiß	972 100	1 014 300	569 200	421 200	399 000	499 900	661 700	495 800	750 000	731 900	6 515 100
Körös	208 200	706 700	459 900	244 000	193 100	495 900	498 800	390 000	330 000	244 000	3 830 600
Temes	13 700	17 500	27 000	27 000	27 000	27 000	27 000	20 000	8 000	16 000	210 200
Maros	—	—	—	—	30 000	30 000	25 000	65 000	25 000	23 000	198 000
Bodrog	—	169 200	143 900	44 800	52 000	—	—	—	—	—	409 900
Drau	137 400	166 800	150 000	165 200	150 000	150 000	57 000	66 700	70 000	60 000	1 173 100
Save	—	70 000	74 800	1 400	—	—	—	—	50 000	30 000	226 200
Kulpa	—	—	—	—	—	—	—	—	—	—	—
Franzens-Kanal	—	—	—	—	—	—	—	—	—	—	—
Diverse Flüsse	51 200	53 300	98 400	65 600	100 000	—	35 000	25 000	—	15 000	443 500
Summa	3 137 100	3 804 800	3 156 700	2 342 200	2 190 800	2 442 600	2 600 600	2 431 100	2 683 900	2 769 500	27 569 300

Für Hafenbauten sind außerdem ausgegeben worden 529 100

Totale . . 28 098 400

b) Erhaltungskosten.

Dieselben betrugen innerhalb dieser 10 Jahre . . . . 4 252 600 fl.
oder im Mittel per Jahr . . . . 425 300 „

Die Staatsauslagen betrugen somit im 10jährigen Mittel für Fluß=
regulierungen und normale Erhaltung:

  pro Jahr in Österreich rund . . . 3 880 000 fl.
  „ „ „ Ungarn „ . . . 3 235 000 „

 3) **Projektierte Arbeiten.** a) Österreich.

An der Donau werden demnächst die Regulierung des Greiner Schwalles, die Regulierung bei Schildorf und die Herstellung eines Winterhafens in Linz in Angriff genommen werden.

Die übrigen Arbeiten der durch die Donau=Regulierungs=Kommission bereits ausgeführten Donau=Regulierungs=Arbeiten werden fortgesetzt und ist im Ruhrstorfer Arm die Errichtung eines Winterhafens in Aussicht genommen.

Für den Inn, die Salzach und Saale, Traun und Enns wurden die Regulierungs=Projekte bereits aufgestellt, die nach Maßgabe der bewilligten Mittel zur Ausführung gelangen.

An der Moldau ist das Projekt der Kanalisierung im Weichbilde der Stadt Prag der wasserrechtlichen Behandlung zugeführt worden und wird nach Abschluß derselben mit dem Baue begonnen werden. Die Kanalisierung der Moldau ab Budweis ist Gegenstand der technischen Studien.

Für die Mur, Save, Drau und die Sann sind die Bauprogramme auf= gestellt und gelangen die Arbeiten succesive zur Durchführung.

Für die March samt Beewa ist das Regulierungsprojekt festgestellt und sind die Geldmittel für die Durchführung bereits genehmigt worden.

Für die Oder, Weichsel, den Dunajec, San und Dniester, die Wislota, Czeremosz und den Pruth sind die Projekte in Bearbeitung und sollen nach Maßgabe der Geldmittel durchgeführt werden.[1)]

 b) Ungarn.

Für die Strecke Devenn=Radvany in der oberen Donau sind von den bereits bewilligten 17 Millionen Gulden 10 Millionen Gulden verbaut und gelangt der Rest von 7 Millionen Gulden noch zur Verwendung.

Für die Theiß wurden 1893 17 Millionen Gulden bewilligt, von denen noch 15,5 Millionen zur Verwendung stehen. Für die Regulierung am eisernen Thor sind von den genehmigten 9 Millionen Gulden 6 Millionen verwendet worden, der Rest von 3 Millionen wird noch verbaut. Für die Regulierung der mittleren Donau von Komorn bis Orsowa werden im nächsten Budget 28 Millionen Gulden verlangt werden, ebenso 2,8 Millionen Gulden für Herstellung neuer Häfen. Diese noch zur Verwendung kommenden Be= träge beziffern sich somit auf 56 Millionen Gulden.[2)]

[1)] Am 22. Juni wurde dem russischen Hofrat v. Beuningen Vorkonzession für einen Schiffahrtskanal Triest=Wien verliehen.

[2)] Die Nautische Rundschau (1. Juli) berichtet von einem neuen Donau=Theiß= kanalprojekt Pest=Szolnok.

Es wird unsere Leser nun kaum interessieren, die Einzelheiten der Donau-Regulierungsarbeiten, bei denen das System der „Parallelwerke" in ausgedehntem Maße zur Anwendung kam, der Flußbauwerke von Grein, Krems, Tulln, Klosterneuburg u. s. w. kennen zu lernen. Es mußten viele Unliesen, stellenweise sogar förmliche Katarakte beseitigt werden. Aber Segen war der Mühe Preis! Der erreichte Zustand ist gegen früher ganz unvergleichlich, es sind gleichmäßige Fahrwassertiefen vielfach bis zu 2 Meter erreicht worden, Verhältnisse, bei denen die Schiffahrt nicht nur im gegenwärtigen Zeitpunkte, sondern auch auf eine absehbare Zeit hinaus bestehen kann und nicht wieder nach ein paar Jahren in eine neue Krisis kommt. Mit der Regulierung machte man an der bekanntlich ungemein wasserreichen Donau im ganzen recht gute Erfahrungen. Durch die Herstellung eines ordentlichen Flußschlauches (Ufer und Flußbett) bewirkte die Kraft der gewaltigen und gefällreichen Wassermasse zum großen Teile von selbst die Austiefung der Flußsohle, sowie auch der Strom durch Ablagerung an der Regelung der Uferverhältnisse selbst eifrig mitwirkt.

Wir heben wiederholt hervor, daß die Donau für uns Bayern wichtiger ist, als alle norddeutschen, belgischen, französischen u. a. Wasserstraßen, weil wir an diesem Strome — neben der Wolga bekanntlich der größte Europas — dadurch, daß wir die Kopfstation für die Donauschiffahrt besitzen, ein großes direktes Interesse haben, das sich jedenfalls in den nächsten Jahren immer mächtiger geltend machen wird. Deßhalb seien uns im Anschlusse an unsere Ausführungen über die Donauregulierung auf cisleithanischem Gebiete nun noch einige Worte über die Schiffahrtspolitik an der mittleren und unteren Donau und über die weitgehenden österreichisch-ungarischen Schiffahrtsprojekte gestattet.

Auch in Ungarn hat man als nächstliegende Aufgabe die Schiffbarmachung der großen Donaustromes ins Auge gefaßt. Mit Energie wurde das Ziel aber erst etwa seit dem Jahre 1881 angestrebt, nachdem in Österreich wiederholt bedeutende Summen für die dortige Donaukorrektion bewilligt worden waren. In Ungarn waren nach einem Referate von Zels vom 26. April 1876 über die Verkehrshemmnisse auf der Donau außer einzelnen Stellen bei Dunajölbvar, Usrod unterhalb Budapest und bei Szop, Süby, Bayta, Dolorgaz, Wilfingsmauer, Eckartsau und Fischamend zwischen Wien und Pest hauptsächlich zwei bedeutende Stromstrecken als nahezu unfahrbar zu betrachten. Die 10 Meilen lange Strecke Preßburg-Gönyö beim Eintritt des Stromes in das ungarische Gebiet und die Strecke Orsova-Turnseverin beim Austritt des Stromes aus Ungarn. Sonst ist die mittlere ungarische Donau ein sehr schiffbarer und wasserreicher Strom, der Tiefen bis zu 4,1 Meter und Breiten bis zu 750 Meter aufweist, eine Schiffahrtsstraße, welche für die ungarische, hauptsächlich auf Rohproduktenerzeugung eingerichtete Volkswirtschaft eine Bedeutung erreicht, wie sie sonst nur wenige europäische Ströme, z. B. die Wolga für das östliche Rußland, aufweisen können. Das Gefälle ist auf dieser mittleren Strecke ein mäßiges, im Gegensatze zu der österreichischen Gebirgsstrecke und der bei Orsova abermals beginnenden Stromenge, wo das Durchschnittsgefälle von 9,5 Ctm. pro Kilometer allmählig bis auf 54 Ctm. pro Kilometer zu steigen beginnt. Oder sagen wir richtiger „begann", denn die Thätigkeit zur Beseitigung der Donauhindernisse in Ungarn ist ja in vollem Gange.

Mit der Regulierung der Stromstrecke Preßburg-Gönyö wurde 1886 ernstlich begonnen. Nachdem schon früher hauptsächlich zum Schutze der Stadt Preßburg gegen Hochwasser 4 Millionen Gulden für die dortige Donauregulierung aufgewendet worden waren, wurden nunmehr 17 Millionen Gulden veranschlagt, um diesen Teil der Donau den Ansprüchen der Schiffahrt gemäß auszubauen, um eine Minimalfahrwassertiefe von 2 Meter und eine nutzbare Tauchtiefe von 1,8 Meter zu erzielen. Man kann sich vorstellen, welche Mühe, oder materiell ausgedrückt, welche massenhafte Erdbewegung die Erreichung dieses Zieles, die Ausbaggerung der Sandbänke, die stellenweise Ausgrabung eines neuen Strombettes u. s. w. kostete. Heute aber kann man sagen, daß das Werk der Vollendung entgegengeht. Schon jetzt ist das Fahrwasser dort um ca. 30—40 Ctm. verbessert und der Zeitpunkt ist nicht ferne, an welchem ein neuer Baustein dem Idealgebäude einer „freien, schiffbaren Donau von Ulm bis ans schwarze Meer" eingefügt sein wird.

Der Verkehrsentwickelung wird der ungarische Staat nach Vollendung der Preßburger Regulierungsarbeiten einen unschätzbaren Dienst erweisen.

Vor der Regulierung, noch im Jahre 1880, war nach dem erwähnten Referate die ungarische Donaustrecke bis ans sog. „eiserne Thor" 69 Tage im Jahre gar nicht, weitere 94 Tage nur bedingt fahrbar. Im Jahre 1874 mußten mehr als 150 Schleppboote bei Ekartsau liegen bleiben, bis durch Baggerungen einige Untiefen passierbar wurden, 1876 sammelten sich 168 beladene Schleppschiffe an, 1877 dauerten die Schwierigkeiten von Mitte September bis Ende Dezember und mußten 410 leere Schlepper als Lichterschiffe herbeigeholt werden, damit 780 beladene Schiffe ihre Fahrt fortsetzen konnten.

Wenn solche Mißstände beseitigt und ein freier großer Verkehr ermöglicht wird, so kann man zwar noch nicht von einer Verzinsung der zahlreichen auf die Stromkorrektionen verwendeten Millionen sprechen, aber es treten jene großen, von manchen Seiten stets skeptisch belächelten „volks- oder staatswirtschaftlichen Vorteile" ein, die ganz unberechenbar sind. Der Schiffer, bezw. der Reeder gewinnt, die Ladefähigkeit der Schiffe und damit die Ausnützung des Kapitals nimmt zu, der Zins- und Spesenverlust bei Aufenthalt fällt weg, die Möglichkeit eines großen Schadens infolge verspäteten Einkäufers der Ware tritt zurück, der Verkehr wird billiger und präziser. Der Handel, sowie der Produzent, der Landwirt und der Industrielle — alle gewinnen und nur der Staat sollte nicht gewinnen? Das kann nur Jemand behaupten, dem der Staat als ein schemenhafter Begriff und nicht als lebensvoller Volksorganismus erscheint.

Ein schönes Beispiel für den volkswirtschaftlichen Nutzen der Vertiefung eines Flusses bietet gerade die Donaukorrektion Preßburg-Gönyö. Einem Vortrage des k. k. Schiffahrtsinspektors Suppan entnehmen wir, daß die Regulierung jetzt bereits eine Erhöhung der Minimalfahrwassertiefe von 1 Meter auf 1,40 Meter bewirkt. Die Schiffe verfügen um 30—40 Ctm. nutzbare Tauchtiefe mehr als vor der Regulierung, 30 Ctm. nutzbarer Tauchtiefe entspricht einer besseren Ladeausnützung von 90 Tonnen pro Schlepp. Der Convoi eines Remorqueurs besteht im Mittel aus 2 Schleppen. Es können daher bei jeder Bergreise Gönyö-Preßburg = 80 Kilom. 2×90 = 180 Tonnen mehr verfrachtet werden als früher. Von den 800 im jährl. Durchschnitt effektuierten Reisen entfallen 300 auf die Niederwasserperiode, daher 300×180 = 54 000 Tonnen! 54 000×80 (Kilometerzahl Preßburg-Gönyö) = 4 320 000 Tonnenkilom. Pro 1 Kilom. berechnet man eine Einnahme von 1 Kreuzer. Folglich ergibt sich durch die Regulierung eine Jahresmehreinnahme von 43 000 fl.

Die zweite Hauptstelle der ungar. Donauregulierung ist das sog. eiserne Thor!

Je mehr wir uns mit den Flüssen und Strömen beschäftigen, um so gewaltiger und großartiger erscheint uns deren Einfluß auf unsere gesamte Kultur. Weite Blicke eröffnen sich, große Fragen stellen sich ein, deren Beantwortung sich über die kleinen ephemeren Zeitfragen emporhebt. Es ist z. B. noch wenig untersucht, welcher innere Zusammenhang zwischen den Fluß- und Stromgebieten und der Staatenbildung besteht, allgemein anerkannt aber ist die mächtige Einwirkung, welche die Kultivierung der Ströme und deren Wassersystem auf die Volkswirtschaft der betreffenden Länder, deren fortschreitende oder rückgängige Entwickelung ausübt. Ein Blick auf die Karte zeigt uns die imposante Größe des Stromgebietes der Donau, zeigt uns, daß die obere schiffbare Donau mit ihrem Stromgebiet, ebenso als die Lebensader des ehemaligen kurbayerischen, des jetzigen altbayerischen und schwäbischen Bestandteils des bayerischen Staats zu betrachten ist, wie der Main als die Lebensader des Frankenlandes, zeigt uns die österreichisch-ungarische Monarchie im eminenten Sinne des Wortes als „Donaustaat", zeigt uns das hochwichtige Mündungsgebiet der Donau, stets umstritten von den verschiedenen politischen Mächten, zur Zeit im Besitze von Staaten, deren Kulturverhältnisse sich in den letzten 20 Jahren ganz bedeutend entwickelt haben.

Diese Erwägungen geben uns den richtigen Begriff von der bei uns in Bayern noch viel zu wenig gewürdigten Tragweite der ihrer

Vollendung entgegengehenden Regulierung der österr.-ungar. Donau für Großschiffahrt und speziell der für das Jahr 1895 in Aussicht gestellten Beendigung der ungarischen Regulierungsarbeiten am sogenannten „eisernen Thor". Das „eiserne Thor" ist ein Sammelname für die großen Schiffahrtshindernisse, welche sich auf der Donaustrecke in der Gegend von Orsova vorfinden, und die so bedeutend sind, daß sich in alter Zeit sogar zwei verschiedene Namen für die Strecke oberhalb und unterhalb dieser Stelle einbürgerten. Die Bezeichnung „Danubius" für die Donau oberhalb des eisernen Thores und „Ister" für die untere Strecke. Die Geschichte der Regulierungsversuche geht bis auf die Römer zurück, denen ein jetzt noch vorhandener Durchstich zugeschrieben wird. Hervorragend waren die in den 30 er und 40 er Jahren dieses Jahrhunderts vorgenommenen Arbeiten, an welche besonders der Name Szechenyis sich knüpft. Bedeutsam wurde die in den 70 er Jahren durch die großen Überschwemmungen in den Vordergrund des öffentlichen Interesses tretende Regulierung der Theiß, bezüglich welcher Gutachten berühmter ausländischer Experten, darunter auch des durch die Mississipiregulierung bekannten Amerikaners Kapitän East, eingeholt wurden. Diese Sachverständigen, welche zum Teil persönlich nach Ungarn kamen, wurden nun auch über die Regulierung des eisernen Thores um Rat gefragt und damit wurde so eigentlich erst das moderne Problem gestellt. Der Wiener Donauverein sorgte dafür, daß die Regulierung des eisernen Thores nicht mehr in Vergessenheit geriet und so kam es, daß auch dieses vor zwanzig Jahren noch allgemein zu den „Chimären phantasievoller Köpfe" gerechnete Werk heute seiner Vollendung entgegengeht. Auch die hohe europäische Politik beschäftigte sich mit der Sache, zuerst 1871 bei der „Londoner Konferenz", dann im „Berliner Vertrag", durch welchen die Ausführung des Werkes an Österreich übertragen wurde, welches seinerseits vermutlich aus politischen Gründen das Mandat an Ungarn übertrug. An sich waren diese Mandatsübertragungen von geringer Wirkung und jedenfalls weniger einflußreich, als die interne Thätigkeit des Wiener Donauvereins, aber die internationale Regelung der Angelegenheit hatte gleichzeitig den bekannten, wichtigen Punkt des Montetutuli, die Geldfrage geregelt. Österreich, bezw. Ungarn erhielt die Ermächtigung, auf der sonst vollständig abgabenfreien, internationalen Verkehrsstraße der Donau eine Péage, d. h. Kanal- oder richtiger Flußgebühr, für die regulierte Orsovaer Donaustrecke zu erheben.

Das war ein neues, wichtiges Moment, zu welchem mit der Zeit auch noch einige neuere technische Erfindungen hinzutraten, welche das Projekt förderten und die Besiegung der Schwierigkeiten erwarten ließen.

Diese letzteren bestanden in der Kultivierung eines total verwilderten Flußlaufes, in welchem beträchtliche Stromengen mit ausgebreiteten Untiefen abwechselten. So ist z. B. an dem 9 Kilometer langen sogenannten Kazanpaß der Strom nur 170 Meter, bei Greben 210 Meter und bald darauf wieder 1300 Meter breit; die Tiefe im Stromstrich variierte zwischen 1 Meter und 54 Meter; entsprechend unregelmäßig ist natürlich das Gefälle.[1]) Die Schiffahrt war zeitweise ganz unterbrochen, fast immer aber mußte durch die parat stehenden sog. Lichterboote, wie sie z. B. die k. k. österreichische Dampfschiffahrtsgesellschaft mit einem Tiefgange von nur 22 Ctm. besaß, die Ladung und damit der Tiefgang des Schiffes wesentlich verringert, sehr oft die ganze Ladung auf die Lichterboote ausgeladen werden, um den Verkehr von der oberen und mittleren Donau zur unteren zu ermöglichen.

Dazu kam — und dies ist wohl der wichtigste Punkt bei der ganzen Frage —, daß seit der Regulierung des Donaudeltas[2]) (Mündung) die Donauseeschiffahrt und überhaupt ein eigener Schiffahrtsverkehr mit großen Schiffen für die Donaustrecke unterhalb Orsova bis zum schwarzen Meere sich mehr und mehr entwickelte und daß dieser spezielle Schiffahrtsverkehr der unteren Donau am eisernen Thore sein Ende fand, indem, wenn nicht schon weiter unten, so doch in Turnseverin, der Umschlag dieser bedeutenden Transporte bethätigt wurde. Turnseverin, vor zwanzig Jahren noch ein gewöhnliches Dorf, ist rasch zu einer Stadt von 30 000 Einwohnern emporgewachsen, welche heute im Donau-Handel und Umschlagsverkehr eine Rolle spielt. Der Donauverkehr selbst, die untere Donauschiffahrt und speziell die Donauseeschiffahrt, war mehr und mehr eine Domäne fremder Handelsvölker geworden, da die unteren Donaustaaten selbst lange Zeit ohne Initiative blieben. Der „Ister" wurde — besonders an seiner Mündung — ein Tummelplatz russischer, englischer, französischer, griechischer, italienischer, holländischer, deutscher importierender und exportierender Schiffe und der „Danubius" vermochte dies nicht zu hindern.

Die Vollendung der Korrektion der Donau, insbesondere in Verbindung mit einer leistungsfähigen Kanalverbindung der Donau nach dem Rheine und der Oder, wird die Staaten, welche im Besitze des oberen und mittleren Donaustromes und der angeschlossenen Wasserstraßen sind, also vor allem Österreich-Ungarn und das Deutsche Reich, ohne Zweifel befähigen, siegreicher als bisher gegen den Import und Exporthandel anderer europäischer Staaten in den Süddonau- und Pontus-Ländern anzukämpfen, wenn anders Handel und Industrie in Deutschland und Österreich-Ungarn Kraft und Initiative besitzen und in handelspolitischer Beziehung wenigstens Gleichberechtigung mit anderen Staaten dortselbst genießen.

---

[1]) Ausführliches siehe in der von dem Wiener Donauverein herausgegebenen Schrift: „Aktenstücke zur Regulierung der Stromschnellen der Donau", Wien 1880. Über die neuesten Erfolge am eisernen Thore siehe den Aufsatz „Die Regulierung der Donaukatarakte" im Berliner Börsenkurier 14. März 1894. Vergleiche auch die schöne Schilderung des eisernen Thores in Jokais Roman „Der Goldmensch".

[2]) Das große Werk der Sulinaregulierung ist heuer vollendet worden.

Über die neueren Regulierungsarbeiten am eisernen Thore wäre noch mancherlei zu berichten. Sie wurden im Jahre 1883 durch den damaligen ungarischen Kommunikationsminister Kemeny, bezw. dessen Staatssekretär Baross, ernstlich aufgenommen, unter dem Ministerium Baross dann energisch fortgesetzt, wobei die Oberleitung der Arbeiten von Baross an Ernst Wallandt übertragen wurde. Die Kosten wurden damals auf 10 Millionen Gulden veranschlagt; wieviel bis heute verausgabt wurde, haben wir oben mitgeteilt. Der anfängliche Plan war nur auf eine Regulierung für die Schiffe der oberen und mittleren Donau gerichtet, es wurde also eine Fahrwassertiefe von 2 Meter für Schiffe von 1,5—1,8 Meter Tiefgang erstrebt. Da aber auf der unteren Donau Schiffe bis zu 3 Meter Tiefgang verkehren, so wurden im Oktober 1892 weitere 1,5 Millionen Gulden bewilligt, um die Fahrwassertiefe von 2 Meter auf 3 Meter erhöhen zu können, so daß selbst die 2000—2500 Tonnenschiffe der unteren Donau künftig wenigstens bis Orsova herauffahren können und hier erst auf ungarische Eisenbahnen oder auf andere Donauschiffe umschlagen. Es dreht sich dabei hauptsächlich um die weitere Vertiefung eines 2 Kilometer langen mit einer Sohlenbreite von 80 Meter und 2 Meter Tiefe ausgegrabenen, künftig voraussichtlich mit Kettenschiffahrt oder Userzug zu passierenden Felsenkanals, der noch um 1 Meter, also auf 3 Meter vertieft werden soll.

Da es sich hauptsächlich um Felsensprengungen und Bohrungen handelt, so spielen die Maschinen bei den Regulierungsarbeiten des eisernen Thores eine große Rolle. Es ist bezeichnend, daß selbst die am Suezkanal und am Lorenzostrome zur Felsbeseitigung angewandten Maschinen hier nicht ausreichten, und erst verbessert werden mußten. Durch die Anwendung der kostspieligen Maschinen ist ein intensiver Betrieb bedingt. In Tag- und Nachtschichten wird das Unternehmen betrieben, den ganzen Winter 1891/92 wurde Tag für Tag mit Ausnahme der hohen Feiertage fortgearbeitet. Im Jahre 1892 waren 3500 Arbeiter beschäftigt und doch schrieb der Pester Lloyd zu Beginn dieses Jahres, daß das Werk noch viel rascher zur Beendigung gebracht werden könnte, wenn die bewilligten Raten in rascherer Folge zur Ausgabe gelangen würden.

Ein reges geräuschvolles Leben herrscht an den Arbeitsstätten, mit dröhnendem Schlage fällt in Intervallen von 35 Sekunden der Riesenmeißel auf die Felsbänke, Riesenbagger, welche die abgebröckelten großen Felsenstücke herausheben, Dampfhämmer und Dampfbohrer, große amerikanische Spreng- und Bohrschiffe sind im Betriebe. Eisenbahnverkehr ist ad hoc eingerichtet und die Unterhaltung und Verpflegung der zahlreichen Arbeiter und Ingenieure bringt Leben und Verdienst in die Gegend.

Im Herbste vorigen Jahres wurde vom ungarischen Handelsminister die Erklärung abgegeben, es könne mit Zuversicht gefolgert werden, daß die Arbeiten für die Entfernung der unter dem Wasser befindlichen Felsen mit den in Thätigkeit befindlichen 7 und den weiteren im Bau begriffenen 4 Felsenabbröckelungsmaschinen bis zum vertragsmäßigen Präclusivtermine, Ende 1895, zu bewerkstelligen sein würden und daß die durch die Katarakte herzustellenden Felsenkanäle dann dem Verkehr übergeben werden können. Daß der letztere ein ganz wesentlich gesteigerter und damit auch die Einnahme aus der Peage eine beträchtliche werden wird, läßt sich mit Bestimmtheit voraussagen. Hat doch schon im Jahre 1871 Mac Alpine berechnet, daß nach der Regulierung des eisernen Thores der Verkehr dortselbst von 90 000 Tonnen auf 425 000 Tonnen wachsen werde. Ohne Zweifel wird dabei auch eine Rückwirkung auf den Verkehr der oberen Donau nicht ausbleiben. In erster Linie aber wird natürlich Ungarn die Wohlthat des freieren Donauverkehrs empfinden und speziell die auch als Handelsstadt immer bedeutsamer werdende Hauptstadt Budapest.

Ungarn, ein Staat, der ja entschieden mehr Vergleichungspunkte mit unserem bayerischen Vaterlande bietet, als etwa England oder Frankreich, ist, wie Bulgarien, längst nicht mehr das „wilde Land", als welches es noch vor 20 Jahren vielfach geschildert wurde. In Ungarn geschieht für die Volkswirtschaft neuerdings mindestens ebensoviel wie bei uns im westlichen Europa.[1]

In den Jahren 1872—1892 wurden in dem Staatsbahnnetz über 700 Millionen Gulden investirt, dazu noch von 1888—1892 85 Millionen Gulden für Vizinalbahnen, und der Kredit des Staates hat sich durch diese großen Aufwände für Verkehrsmittel nicht verschlechtert, sondern gegen früher wesentlich verbessert, die Volkswirtschaft hat sich durch die Besserung der internen Kommunikation und insbesondere durch die große Förderung der Ausfuhr ganz wesentlich gehoben.

Das Verdienst, die Förderung der Binnenschiffahrt als notwendiges Mittel zur Ergänzung des Eisenbahnnetzes in das verkehrspolitische Programm der Regierung aufgenommen zu haben, gebührt ohne Zweifel vor allem dem für Ungarn zu früh (Mai 1892) verstorbenen Handelsminister Baross. Es gehört unstreitig ein großes Vertrauen auf die sogenannte indirekte Rentabilität der Verkehrsmittel und ein gewisser Mut dazu, jenen Programmpunkt alsbald nach dem Ausbau eines staatlichen Eisenbahnnetzes, bezw. nach kurz vorher erfolgter Verstaatlichung der Privatbahnen aufzustellen, wie dies in den 70er Jahren in Preußen und in den 80er Jahren durch Baross in Ungarn geschah. Aber weder in Preußen noch in Ungarn hat man diese entschiedene Stellungnahme für eine programmäßige Förderung der Binnenschiffahrt zur Ergänzung der Verkehrsmittel zu bereuen gehabt.

Speziell Baross erntete für seine weitblickende Reformthätigkeit die Dankbarkeit des ungarischen Volkes in hohem Maße. Sein Ziel war — so

---

[1] Näheres siehe A. Deutsch: „Fünfundzwanzig Jahre ungarischer Finanz- und Volkswirtschaft" (1867—1892).

lesen wir in einem Nekrologe —, den ungarischen reinen Agrarstaat in einen zugleich industriösen umzuwandeln und dessen Verkehrswege im merkantilen Sinne umzugestalten.

„Er erschuf Fiume zu seiner Bedeutung, sein Machtwort entfernte tausendjährige Eichen, die auf dem Savegrunde versteinerten. Er bahnte sich neue Wege zu Wasser und zu Lande, er war es, der die Donaustrecke Preßburg-Gönyö regulierte, der die Felsen im eisernen Thore lockerte. Das hydrographische Amt schuf Baroß, damit die Geheimnisse der Theiß ergründet würden. Er stampfte die ungarische Donauflotte aus dem Boden, um der damaligen Mißwirtschaft der k. k. Donau-Dampfschiffahrtsgesellschaft ein Ende zu machen, er regulierte die Raab, die Nebenflüsse der Theiß, kurz, er schuf in den 10 Jahren seiner Thätigkeit mehr, als viele andere in einem Jahrhundert zu Stande bringen."

Bei seinem Tode war die Trauer des Volkes allgemein und selbst der weltbekannte ungarische Nationaldichter Moriz Jokai feierte den Reformator der ungarischen Wasserstraßen, „den Mann, der Ungarn sich selbst näher gebracht, der die einheimische Industrie und den einheimischen Handel auf ihr eigenes Piedestal gestellt, der der Donau ein eisernes Thor eröffnet und der Stadt Fiume ein goldenes gebaut!"

Entsprechend unserem Plane, diejenigen Wasserstraßen unserer Nachbarstaaten, welche für uns in Bayern eine direkte oder eine besonders tiefgehende indirekte Bedeutung haben, in den Bereich unserer Darstellung zu ziehen, hätten wir vor allem noch Einiges über die von unseren bayerischen Wasserstraßen künftig **direkt** zu beschiffenden Wasserstraßen des Niederrheingebietes, also vor allem die holländischen Kanäle und den geplanten Dortmund-Rheinkanal, aber auch nach der österreichischen Seite hin noch mancherlei über die Donauschiffahrt und über die österreichische Schiffahrtspolitik mitzuteilen. Die Vollendung der Sulinamündungsregulierung, die in allerneuester Zeit wieder bemerklichen russischen Bestrebungen an der Donaumündung (Projekt der Regulierung des Kiliaarmes u. s. w.), die Dampfschiffahrt auf den Nebenflüssen der Donau und den Kanälen in Ungarn, soweit dieselben von unserer bayerischen Donau, bezw. von dem zukünftigen Main-Donaukanal aus für einen direkten Schiffsverkehr in Betracht kommen, die bedeutende Elbeschiffahrt Österreichs und die handelspolitischen Chancen der Städte Prag, Budweis etc., wenn es in Österreich zwar nicht zu einem Elbe-Donaukanal, aber wenigstens zu einer Moldaukanalisierung kommen sollte, die auf der ganzen mittleren und unteren Donau sich mächtig geltend machende nationale Bewegung in der Donauschiffahrt, die sich in der Gründung einer russischen, von der russischen Regierung unterhaltenen, einer rumänischen und serbischen Schiffahrtsgesellschaft äußerte und neuerdings in der im Werke befindlichen Umgestaltung der für die Ersprießlichkeit eines Zusammenwirkens von Schiffahrt und Eisenbahn äußerst lehrreichen, ungarischen „Staatsbahn-Schiffahrt", zu einem großen ungarischen nationalen Verkehrsunternehmen, die Décadense der großen k. k. priv. österreichischen Donaudampfschiffahrtsgesellschaft, deren neuerliche, allerdings durch Staatssubvention unterstützte gründliche Regeneration und nunmehrige Bedrängung durch die immer mehr sich steigernde Konkurrenz der zu selbständigem kommerziellen Leben erwachenden übrigen Donaustaaten, ihre besondere Bedrückung durch die bekannte ungarische Transportsteuer, die äußerst lehrreichen Kanaldebatten im österreichischen Parlamente, die hartnäckige Gegnerschaft des österreichischen Finanzministers, die Hoffnungen, die man jetzt auf seinen Nachfolger Dr. Plener setzt, die Gründung und Entwickelung eines hydrographischen Amtes in Ungarn und neuerdings eines hydrographischen Bureaus in Oesterreich und last not least die großen Projekte eines Donau-Oderkanals, dessen Detailprojektierung vollendet und in ihren Ergebnissen kürzlich bekannt geworden ist, dann des Donau-Elbekanals, deren Gegner und beredte Verteidiger.[1]) — Das alles bietet geradezu eine Überfülle interessanten und für uns Bayern sehr lehrreichen Materials, auf welches einzugehen wir leider verzichten müssen, da unsere Leser wünschen werden, daß wir nunmehr auf den eigentlichen Gegenstand unserer Darstellung, auf die bayerischen Wasserstraßen, zu sprechen kommen.

Zur Kennzeichnung des Fortschrittes, welchen die Oder-Donau-Kanalidee in Österreich macht, diene nur noch folgende Notiz, die wir der „N. Fr. Pr." vom 24. Mai ds. Js. entnehmen: „In einem Klubzimmer des österr. Abgeordnetenhauses wurde heute an einem bis ins kleinste Detail minutiös ausgeführten Modelle das neue System der schiefen Ebene erläutert, welches von den Konzessionswerbern des Donau-Oder-Kanals acceptiert worden ist. Das neue System besteht darin, daß, um einen Ausgleich der Niveau-Unterschiede der Wasserspiegel herbeizuführen, schiefe Ebenen mit einer Neigung von vier Prozent eingeschaltet werden, auf welchen die Schiffe in Trögen (Caissons) befördert werden, und zwar gleichzeitig ein Schiff aufwärts und ein zweites abwärts. Es sind sieben solcher schiefen Ebenen projektiert, und zwar bei Göding, Ungarisch-Hradisch, Prerau, Weißkirchen, Kunewald, Peterswald und Mährisch-Ostrau. Der Vorgang beim Transporte auf der schiefen Ebene ist ähnlich jenem bei der Trajektschiffahrt. Durch das Öffnen einer Fallthür kann das Schiff in den Trog fahren, in welchem nun dieselbe Wasserspiegelhöhe

---

[1]) Unter den ersteren ist wohl der angesehenste Nördling, der in seinem Buch über „die Selbstkosten der Eisenbahn und die Wasserstraßenfrage" stellenweise sehr anfechtbare Ansichten ausspricht und eher noch einen Kanal von Wien nach Triest als von da nach Deutschland zur Elbe und Oder gebaut wissen möchte, unter den letzteren erscheinen Kastan und Celwein (in ihren verschiedenen Reden und Denkschriften) als die bedeutendsten. Zu Nördlings Schrift siehe Zels: „Die Selbstkosten der Eisenbahn 2c. Wien 1886." Über den Donau-Oder-Kanal siehe auch Wekler: „Der kommerzielle Wert des Donau-Oder-Kanals. Wien 1892."

entsteht wie in der bis dahin vom Schiffe durchfahrenen Strecke. Wenn das Schiff, welches bis 800 Tonnen Tragfähigkeit besitzen kann, im Trog befestigt ist, wird die Fallthür wieder geschlossen, und der Trog, der 65 Meter lang ist und auf 84 Achsen läuft, wird durch starke Drahtseile die schiefe Ebene hinaufgezogen. Als Motor wird eine Dampfmaschine von 25 Pferdekraft verwendet; das Günstige der Anordnung besteht darin, daß gleichzeitig ein anderes Schiff auf der schiefen Ebene hinab befördert wird, so daß teilweise durch das Gewicht des hinabgehenden Wagens die Zugkraft der Dampfmaschine bedeutend unterstützt wird. Die allgemeinen Vorteile dieses Systems liegen darin, daß für die wasserarmen Gegenden in der Scheitelstrecke die sehr schwierige Beschaffung der Wassermassen, wie sie beim alten Schleusensystem erforderlich ist, wegfällt. Hiedurch wird eine größere Schnelligkeit im Betriebe und eine Verbilligung desselben herbeigeführt. Das Projekt ist von A. Hallier und Dietz-Monnin ausgearbeitet."

Eines können wir uns nicht versagen, nochmals ausdrücklich hervorzuheben: Wer die österreichisch-ungarische Binnenschiffahrtsbewegung studiert, der wird darin eine ernste Mahnung für die bayerische Verkehrspolitik erblicken. Man wird bei einer Exemplifizierung auf Frankreich, England 2c. vielleicht entgegenhalten, „dort sind andere Verhältnisse, wir haben ja auch keinen Eiffelturm", man wird sagen, „in Preußen ist die norddeutsche Tiefebene" u. s. w., aber der österreichischen Thätigkeit und den dortigen Projekten gegenüber wird jeder erkennen, daß wir in Bayern in Gefahr sind, in einem hochwichtigen Faktor des Verkehrswesens ganz bedenklich hinter der allgemeinen Entwickelung zurückzubleiben; denn in Österreich sind die Verhältnisse in vieler Beziehung den unserigen sehr ähnlich gelagert.

Nur in einem Punkte — und das ist ein sehr wichtiger — ist uns Österreich in Bezug auf die natürlichen Bedingungen voraus. Seine Hauptstadt Wien liegt an der Donau und ist daher in allererster Linie an der Entwickelung der Wasserstraßen interessiert. Würde Wien mehr südlich von der Donau liegen, so würde an diesem als Hauptstadt maßgebenden Platze voraussichtlich ein so geringes Interesse gegenüber der Wasserstraßenfrage herrschen, daß die wirtschaftliche Entwickelung der „Provinz", d. h. des ganzen übrigen Landes, schwer leiden würde.

Im übrigen sind aber die österreichischen Verhältnisse den unseren sehr wohl zu vergleichen.

Man hat dort die oberste Oder, die Moldau und die obere Elbe, die man in ihrem dortigen Laufe als Fluß recht wohl mit unserem Main vergleichen kann, man hat die Donau und dazwischen ein Gebirgsplateau, dessen Überschreitung durch einen allen modernen Ansprüchen entsprechenden Donau-Oder-Kanal sozusagen beschlossene Sache ist, man wird — falls ein zweiter, ein Elbe-Donaukanal vorerst noch nicht zur Ausführung kommt — vom

Donau-Oder-Kanal nach der österreichischen Elbe abzweigen, welch' letztere bereits einen außerordentlich regen Dampfschleppschiffahrtsverkehr hat, während unser Main als Verkehrsstraße bisher veröbet war.

Wir schließen hiemit unsere Rundschau über die Binnenschiffahrtsbestrebungen in den bayerischen Grenzstaaten. Wir haben gesehen, daß in Norddeutschland sehr intensiv und mit einem Aufwand von hunderten von Millionen an dem Ausbau eines für moderne Großschiffahrt geeigneten Wasserstraßennetzes gearbeitet wird, dessen südlichster Zweig die Untermainkanalisierung nahezu bis an unsere Grenze geht, und welches der dortigen Volkswirtschaft durch die billigere Fahrgelegenheit einen sehr wesentlichen Vorsprung vor der unserigen gibt und noch mehr in Zukunft geben wird, wir sahen ebenso das ungarische Tiefland in vollster Thätigkeit zur allmäligen Entwickelung eines zeitgemäßen Wasserstraßennetzes. Wir sahen aber auch, wie der Gedanke von der wieder anerkannten volkswirtschaftlichen Berechtigung der Binnenschiffahrt, von ihrem Beruf — vervollkommnet durch die moderne Technik — sich mit den Eisenbahnen in den Güterverkehr zu teilen, immer siegreicher aus den Tiefebenen Ungarns, Norddeutschlands und der Niederlande in die gebirgigeren Gegenden des centralen Europas vordringt. In Niederösterreich und Mähren ist der Donau-Oder-Kanal, welchem durch den in Preußen bereits vollendeten Oder-Spree Kanal und durch die ihrer Vollendung entgegengehende Kanalisierung der oberen Oder der Charakter einer direkten Wasserstraßenverbindung Wien-Berlin gegeben, bereits im Detail projektiert, in Böhmen finden wir für einen Elbe-Donau-Kanal eine energische Propaganda, welche es sicherlich wenigstens zu einer Kanalisierung der Moldau bis Budweis bringen wird, in Baden und Württemberg sind die Regierungen mit dem Projekte eines Neckar-Donau-Kanals beschäftigt, der Oberrhein soll in nächster Zeit für Großschiffahrt eingerichtet werden und Straßburg ist in eifrigster Thätigkeit, sich für die Zukunft den Charakter eines Knotenpunktes des südwestdeutschen Verkehrs zu sichern, Karlsruhe, das durch Fürstenlaune als Landeshauptstadt abseits von der großen Weltverkehrsstraße des Rheines angelegt wurde, hat sich neuerdings mit viel Initiative daran gemacht, seine Lage zu verbessern, durch einen Kanal zum Rheine, der nach einer in den letzten Tagen erschienenen Brochüre[1]) als erstes Glied eines großen Schwarzwaldkanales gedacht ist.

So handelt es sich also vor allem um die Ueberschreitung des süddeutschen und österreichischen Mittelgebirges durch einen den Verhältnissen des Eisenbahnzeitalters angepaßten Kanal vom Rhein, von der Elbe und Oder zur Donau und dann erst wird das schon seit mehr als 100 Jahren erörterte Projekt einer Übersteigung der Alpen mittels eines Kanals, zu

---

[1]) Die Schiffbarmachung des Oberrheins zwischen Speyer und Straßburg von W. Paul und R. Wagner. Straßburg 1894.

welchem damals die in Frankreich technisch nicht mißlungene Übersteigung des Abhanges der Pyrenäen durch den Kanal du Midi ermutigte, auf die Tagesordnung der mitteleuropäischen Verkehrspolitik gelangen. Auch in dieser Hinsicht schreitet man aber bereits vorwärts. Vom Süden her [1]) kommt das Projekt aus dem von Kanälen bereits vielfach durchzogenen lombardischen Tieflande mittels des Po und Tessin eine Wasserstraße bis tief in die Schweiz auszubauen. Diese soll hauptsächlich die Produkte des Ostens (Getreide ꝛc.), welche zu einem Teile bisher dem bayerischen Eisenbahntransitverkehr zu Gute kamen, nach der Schweiz verfrachten. In Österreich-Ungarn wird die alte Idee, die Donau mit dem adriatischen Meer durch einen Gebirgskanal zu verbinden, zu deren Ausführung im vorigen Jahrhundert mit dem Wien-Neustädter und mit dem seiner Zeit viel besprochenen Projekte eines Kanals von Karlowitz nach Triest die ersten Anläufe gemacht wurden, wieder viel ventiliert und das Terrain, wo sich die Save, bezw. deren Nebenfluß, die Kulpa dem adriatischen Meere nähert, wieder recht neugierig betrachtet. Mag aber aus allen diesen Bestrebungen werden, was da wolle, soviel ist sicher: die Wasserstraßenidee dringt siegreich vorwärts und wie seiner Zeit bei der immer höheren Entwickelung des Eisenbahnwesens die Wahl der Tracen, in welchen das neue Verkehrsmittel die deutschen Mittelgebirge und dann die Alpen überschritt, von eminentem Einfluß für die Entwickelung der berührten Gegenden war, wie manchmal schon der Vorsprung von einigen Jahren in dem Ausbau einer Transiteisenbahn nach anderen Seiten hin Wunden schlug, die später nicht mehr heilbar waren, so ist auch jetzt die Frage, ob sich in Bayern die nötige Initiative und Unternehmungskraft finden wird, eine das ganze Land durchschneidende Main=Donauwasserstraße auszubauen, zur Zeit die wichtigste für Bayerns wirtschaftliche Zukunft.

In dieser Erkenntnis hat Prinz Ludwig von Bayern, der in volkswirtschaftlichen Dingen noch stets seinen scharfen und weiten Blick gezeigt hat, die Initiative ergriffen, um das bayerische Volk und die bayerische Regierung für den Gedanken zu gewinnen, durch eine große, den modernen Verhältnissen der Großschiffahrt entsprechenden Main=Donauwasserstraße das bayerische Land in den allgemeinen Binnenschiffahrtsverkehr nicht nur einzubeziehen, sondern dem Lande durch jene großgedachte Wasserverkehrstraße eine hervorragende Rolle im mitteleuropäischen Verkehr zu sichern.

Die bayerische Staatsregierung ist nun bereits insoferne für das Projekt gewonnen, als sie dem bayerischen Landtage eine diesbezügliche Vorlage zugehen ließ, bezw. ein Postulat von 100 000 ℳ in das Finanzgesetz einsetzte, mit welcher Summe die Ausarbeitung eines Projektes für eine die Großschiffahrt ermöglichende Main=Donauwasserstraße von 2,20 Meter Tiefe für einen

---

[1]) Stefano Kanavesio: „Eine Dampfschifflinie von Venedig nach Locarno." 1893.

Betrieb von 800—1000 Tonnen-Schiffen, begonnen werden soll. Daß diese Sache von der bayerischen Staatsregierung als höchst wichtig und dringlich angesehen wird, geht daraus hervor, daß dieselbe in der Thronrede besonders hervorgehoben wurde.

Es ist nun an der bayerischen Volksvertretung, ihr Votum über eine der vitalsten Fragen des bayerischen Landes abzugeben.

Und da in solchen Dingen, wo rechts und links, nördlich und südlich Konkurrenz und Entziehung unseres ohnedies nicht sehr reichlichen Verkehrs droht, bekanntlich keine Zeit zu verlieren ist, so erscheint uns die Bewilligung der Mittel für die Detailprojektierung einer Main-Donauwasserstraße als eine der ersten und wichtigsten Aufgaben des derzeitigen bayerischen Landtages.

Eine weitere Regierungsvorlage, welche den bayerischen Landtag beschäftigen wird, betrifft die Kettenschleppschiffahrt auf dem Maine, es wird demselben ferner voraussichtlich eine Petition des süddeutschen Donauvereins um Einrichtung der Dampfschiffahrt auf der oberen Donau zukommen, auch wird er sich mit der Frage der Korrektion des Oberrheines oder des Baues eines Seitenkanals dortselbst zu beschäftigen haben, wenn nicht in dieser Session, so doch in einer späteren der neuen Legislaturperiode.[1]

Möge uns im Nachfolgenden gelingen, davon zu überzeugen, daß alle Wasserstraßenfreunde in Bayern und die Interessenten der verschiedenen Projekte zur Zeit fest zusammenhalten müssen, um vor allem einmal dem Gedanken von der Nothwendigkeit einer Ergänzung der Eisenbahnen durch leistungsfähige Wasserstraßen, von der Notwendigkeit einer neuen bayerischen Schiffahrtspolitik bei uns zum Siege zu verhelfen. Die allgemeinen Argumente, die für das eine Glied eines Wasserstraßennetzes geltend gemacht werden, kommen auch dem anderen zu Gute, während anderseits, wenn die eine Gegend auf die andere eifersüchtig wäre, sich voraussichtlich für eine durchgreifende Reform keine Majorität im Landtage finden würde. Und damit würden nicht blos einzelne Gegenden, sondern unser gemeinsames bayerisches Vaterland, für dessen gesamte Entwicklung wir doch selbst ohne direkten eigenen Nutzen alle arbeiten sollten, schwer geschädigt werden.

---

[1] Bezüglich der Main-Kettenschleppschiffahrt verweise ich auf meine beiden Denkschriften: „Der Main als Verkehrsstraße Würzburg 1890" und „die volkswirtschaftliche Bedeutung der Mainkettenschleppschiffahrt von Aschaffenburg bis Bamberg", Würzburg 1891, und auf die neueste den Gegenstand nach allen Seiten erschöpfende Schrift von Hofrat Professor Dr. Schanz (s. S. 80). Die Dampfschiffahrt auf der oberen Donau betr. verweise ich zunächst auf die Denkschrift des südb. Donauvereins „Die Schiffahrt auf der oberen Donau", L. Auer, Donauwörth 1894, diese und die pfälzischen Wasserstraßenfragen in eingehender Weise gesondert zu behandeln, behalten wir uns vor.

5. Der Ausbau der bayerischen Main- und Main-Donauwasserstraße, die wichtigste Aufgabe der bayerischen Verkehrspolitik.

Das in das bayerische Finanzgesetz eingestellte Postulat von 100 000 ℳ zur Ausarbeitung eines Projektes für Herstellung einer für die Großschiffahrt geeigneten Main-Donau-Wasserstraße von Kahl bei Aschaffenburg bis Jochenstein bei Passau (710 Kilometer) wird in den beigegebenen Motiven auf das vom Verein für Hebung der Fluß- und Kanalschiffahrt in Bayern unter dem 1. Juni 1893 an die k. Staatsregierung gerichtete Ersuchen zurückgeführt, eine Detailprojektierung für die Kanalisation der bayerischen Mainstrecke bis Bischberg (bei Bamberg), für den Umbau des Donau-Mainkanals und für die entsprechende Korrektion der Donau von Kelheim bis Passau vornehmen zu wollen. Der Gesamtaufwand für die Projektierungsarbeiten, welche in einem angemessenen Zeitraum zur Fertigstellung gelangen sollen und mit denen in der zweiten Hälfte des Jahres 1894 begonnen werden soll, wird sich auf etwa 300 000 ℳ belaufen. In der 22. Finanzperiode ist beabsichtigt, die Summe von 100 000 ℳ zu verwenden, welcher Betrag als erste Rate verlangt wird.

Die Projektierungsarbeit soll von einer Anzahl von Projektierungskommissionen, welche aus Beamten des Ingenieurfachs und deren Hilfspersonal zu bilden sind, vorgenommen und zu diesem Zwecke die zu projektierende Wasserstraße in mehrere Sektionen zerlegt werden.

Wenn es demnach wahrscheinlich ist, daß die Projektierungsarbeit an verschiedenen Stellen zu gleicher Zeit vorgenommen werden soll, so ist doch ebenso wahrscheinlich, daß die Ausführung des Werkes mit der Weiterführung der Main Kanalisierung bis Aschaffenburg begonnen werden wird, wobei ja nicht ausgeschlossen ist, daß weiterhin auch an anderen Stellen nach einem einheitlichen Plane gleichzeitig gearbeitet werden kann.

Es ist bekannt, daß der Main bis Frankfurt kanalisiert ist, daß er dadurch eine gleichmäßige Fahrwassertiefe (2,2 Meter) erhalten hat, wie sie bis jetzt der große Donaustrom bis Belgrad nicht so gleichmäßig aufweist, daß die größten Rheinschiffe bis Frankfurt fahren können und daß dadurch die Betriebsamkeit Frankfurts wieder neu belebt wurde. Vor der Kanalisation lesen wir in einer Denkschrift der Frankfurter Handelskammer: „Heute ist Frankfurt, trotz der Nähe des Rheinstromes in einen im Binnenlande belegenen Ort verwandelt worden, weil der preußische Staat den Anstrengungen Badens nicht gefolgt ist, dessen Anlagen in Mannheim, in ihrem großartigen Maßstabe, ihrer Mannigfaltigkeit, ihrer zweckmäßigen Gliederung den Stempel der fortgeschrittenen Raum- und Zeitkultur unseres Jahrhunderts an sich tragen.

und eine Zierde des Landes, eine Mustereinrichtung sind, die ihresgleichen am ganzen Rhein, ja weit und breit selbst in vielen größeren See- und Handelsstädten vergeblich sucht.

Der Gesamtaufwand für diese Verkehrsanlagen in Mannheim stellt sich auf mehr denn 20 Millionen Mark.

Mainz wird nach Kanalisierung des Maines in seinem Verkehr kaum eine Einbuße erleiden und Mannheim wird nach wie vor das Geschäft nach dem Süden und Südosten beherrschen, während Frankfurt auf den Osten und Nordosten angewiesen ist. Frankfurt wird mit der Mainkanalisation und den Lagerhäusern nur die Mittel erhalten, seine Stellung als Handelsplatz wieder zu befestigen, welche es verloren hatte."

So theilten sich die beiden großen Handelsstätte am Rheine schwesterlich in das tributpflichtige „Hinterland" Bayern. Der Plan gelang. Nach der Durchführung der Main-Kanalisation schrieb man in einer offiziellen Schrift der preußischen Regierung[1]): „Der Main war in den frühesten Zeiten eine sehr belebte Wasserstraße, welcher die Stadt Frankfurt einen großen Teil ihrer Bedeutung im Handelsverkehr zu verdanken hatte. Später sank der Verkehr auf dem Main und die Hoffnungen, welche man nach dem Jahre 1840 an das zeitweilige sichtliche Aufblühen desselben knüpfte, erfüllten sich nicht. Wenn auch die Entwickelung der Eisenbahnen und andere Verhältnisse hierzu wesentlich beigetragen haben, die Hauptsache war, daß es nicht möglich wurde, mit den gewöhnlichen Regulierungsmitteln wie Einschränkungen und Baggerungen, die Wassertiefe des Mains auf ein Maß zu bringen, welches den Verhältnissen des Rheins entsprach, wodurch Frankfurt ausgeschlossen wurde von dem Aufblühen und Entwickelung der Rheinschiffahrt Vorteile zu ziehen. Seit langen Jahren hatte man sich daher mit Plänen beschäftigt, den Rheinschiffen den Weg nach Frankfurt zu eröffnen. Zunächst war an einen Seitenkanal gedacht, für welchen auch verschiedene Entwürfe bearbeitet wurden. Diese Pläne ließ man jedoch fallen, sobald der Gedanke, den Main selbst zu kanalisieren, in nähere Erwägung gezogen wurde. Das Ergebnis der mit den Mainuferstaaten gepflogenen Verhandlungen war, daß Preußen sämtliche Kosten der Herstellung der Kanalisierung übernahm und sich zugleich verpflichtete, keinerlei Gebühren von den den Main befahrenden Schiffen zu erheben. Im Spätherbste 1883 begann die Bauausführung und am 16. Oktober 1886 wurde die kanalisierte Wasserstraße eröffnet. Die Baukosten betragen 5 500 000 ℳ (pro Kilometer 152 778 ℳ). Während in früherer Zeit den Main bis Frankfurt, abgesehen von den hohen Fluten, nur Schiffe von

---
[1]) Sonder-Verzeichnis (Text) zu den seitens des k. preußischen Ministeriums der öffentl. Arbeiten ausgestellten Wandplänen, Karten, Modellen ꝛc. III. Internationaler Binnenschiffahrtskongreß 1888.

50 Tonnen Ladefähigkeit befahren konnten, geschieht dies jetzt durch Schiffe bis zu 1000 Tonnen Tragfähigkeit und zwei Meter Tiefgang. Die Entwickelung des Verkehrs hat die Erwartungen weit übertroffen." Und in einer neueren Publikation vom Jahre 1893 lesen wir: „Im Jahr 1892 ist der Verkehr auf dem Untermain auf 24 Mill. Zentner = 1 204 533 Tonnen gestiegen. Die Leistung des kanalisierten Maines ist dadurch gegenüber 1884 auf das 118fache gestiegen. Die Befürchtung, als wenn die Entwickelung der Mainstraße wieder bergab ginge, wurde zerstreut durch die weitere Vertiefung des kanalisierten Maines von 2 auf 2½ Meter und durch Anbauten an die Schleußen."

In der Mainz-Frankfurter Mainkanalisierung, mit der die Namen Kuno und Puls unzertrennlich verbunden sind, ist uns in technischer und wirtschaftlicher Beziehung ein Typus geschaffen, dessen Studium die Fachkreise auch des Auslandes vielfach beschäftigte. Die dort gemachten Erfahrungen wurden auch in der Litteratur über die Weiterführung der Mainkanalisierung stets herangezogen.[1]

Zur Weiterführung bis Offenbach sind die Mittel in der Höhe von 1 356 000 ℳ, seitens der großh. hessischen Regierung unter Zustimmung beider Kammern bereits genehmigt. Für die Weiterführung der Kanalisation bis Hanau sind 2 400 000 ℳ veranschlagt,[2] abgesehen von Hafenanlagen, welche die Stadt Hanau auf ihre Kosten bauen will.

Die Mainstrecke von Hanau bis Aschaffenburg ist 31 Kilometer lang, also etwas kürzer als die kanalisierte Mainstrecke Mainz-Frankfurt (36 Kilom.). Davon liegen 20 Kilometer von Aschaffenburg bis zur Landesgrenze auf bayerischem und 11 Kilometer, nämlich von da bis Hanau, auf preußischem Gebiete. Die jüngst herausgegebene Denkschrift der Stadt Aschaffenburg, bearbeitet von J. Wörner) berechnet die Kosten der Kanalisierung von Hanau bis Aschaffenburg nach Analogie der Mainz-Frankfurter Strecke mit 4 486 041 ℳ, die Kosten der Teilstrecke Aschaffenburg-Landesgrenze mit 2 894 220 ℳ und die der entsprechenden Hafen-, Umschlag- und Lageranlagen in Aschaffenburg mit 2 Millionen Mark, die Kosten für das ganze Werk also mit 6 486 041 ℳ bezw. 4 894 220 ℳ.

Hinsichtlich des Verkehrs und der Verzinsung dieses Anlagekapitals gibt die Denkschrift sehr beachtenswerte Details. Es wird an der Hand des offiziellen statistischen Berichts über den Betrieb der bayerischen Verkehrsanstalten zunächst hervorgehoben, daß die Ziffern des Aschaffenburger Eisen-

[1] S. die Denkschrift über die Fortsetzung der Mainkanalisierung bis Offenbach und Vortrag hierüber im Verein für die Hebung der Fluß- und Kanalschiffahrt in Südwestdeutschland von Schloßmacher-Offenbach, die Denkschrift über die Weiterführung der Mainkanalisierung bis Hanau von Böbiker, die Denkschrift über die Mainkanalisierung bis Aschaffenburg von Wörner.

[2] Die preußische Regierung hat die Strecke bereits generell projektiert (Hanauer Handelsk.-Ber. 1894, S. 110).

bahnverkehrs mit zu den höchsten unter den bayerischen Eisenbahnstationen gehören und daraus mit Recht gefolgert, daß sich nach der Kanalisation des Maines bis Aschaffenburg daselbst — so lange die Kanalisation nicht weiter fortgesetzt ist — ein hochbedeutender Umschlagsverkehr entwickeln werde. Die Frachtersparnisse, welche nach der Durchführung der Mainkanalisation bis Aschaffenburg in ganz unwiderleglicher Weise sowohl für die Staats= wie für die Privatwirtschaft sich ergeben, sind so bedeutend, daß die diesbezüglichen Berechnungen in ganz Bayern um so mehr Aufsehen erregen dürften, als daraus zugleich recht deutlich ersichtlich wird, von welcher eminenten wirtschaftlichen Tragweite das Projekt der **vollständigen Mainkanalisierung** und des Ausbaues einer **vollständigen bayerischen Transitwasserstraße** für Bayern ist.

Für den gegenwärtigen Düngerbezugder bayerischen Landwirtschaft z. B., also ohne Rücksicht auf Verbrauchssteigerung, ergibt sich nach Kanalisation des Maines bis Aschaffenburg eine Frachtersparniß von 81 996 ℳ jährlich. Die Karlstadter Cementfabrik berechnet ihre Frachtersparnisse nach der Kanalisation auf 30 600 ℳ jährlich. Der Gesamtversandt der fränkischen Steinindustrie auf dem Maine wird in der zitierten Denkschrift auf 200 000 Tonnen jährlich geschätzt und bemerkt, daß der Export bis nach Amsterdam und Petersburg geht. In Eisenwaren wird allein für die bayerischen Staatsbahnbedürfnisse eine Frachtersparnis von 72 000 ℳ jährlich berechnet u. s. w.

Weitaus am wichtigsten aber erscheint die Mainkanalisierung für die Kohlen. Hier ist der bayerische Eisenbahnärar selbst der größte Konsument.

Die Aschaffenburger Denkschrift konstatiert für die Tonne Kohle einen Eisenbahnfrachtsatz von 2,40 ℳ in minimo 2,10 ₰ von Gustavsburg bis Aschaffenburg einschließlich Umladespesen in Gustavsburg und berechnet bei direktem Schiffsbezug bis Aschaffenburg eine Schiffsfracht von 50–70 ₰ per Tonne von Gustavsburg. Dies bedeute für den Ruhrkohlen=Bezug der bayerischen Staatsbahn in der Gegenwart bezw. in der nächsten Zukunft (ca. 300 000 Tonnen) eine Frachtersparnis von 420 000 ℳ. Dazu komme noch die Ersparnis an Wagenmiete, welche von dem bayerischen Eisenbahnärar z. Zt. bei seinen Kohlenbezügen an die hessische Ludwigsbahn gezahlt werden müsse, und welche mit 270 000 ℳ jährlich zu veranschlagen sei. Im Ganzen wird der direkte jährliche fiskalische Reingewinn (hinsichtlich des Kohlenbezugs) der bayerischen Staatsbahnen mit 639 200 ℳ berechnet.

Hinsichtlich des Privatkonsums an Kohlen wird — weil man hier den Gries der Schiffskohle nicht immer so verwerten kann, wie bei der Eisenbahn — nicht der ganze Import (300 000 Tonnen), sondern nur die Hälfte (150 000 Tonnen) dem künftigen direkten Wasserwege bis Aschaffenburg zugerechnet und dabei eine Frachtersparnis von 270 000 ℳ konstatiert.

Der vermutliche Gesamtverkehr der Aschaffenburg-Hanauer kanalisierten Mainstrecke wird mit 1 020 000 Tonnen in Rechnung gesetzt. Die jährliche direkte Rente aus dem fiskalischen Reingewinn (639 200 ℳ) stellt eine 13prozentige Verzinsung des Baukapitals für die Strecke Aschaffenburg-Landesgrenze und eine 10prozentige für das Anlagekapital der ganzen Strecke Hanau-Aschaffenburg dar.

Die gesamte indirekte Rente — aus den einzelnen volkswirtschaftlichen Frachtersparnissen zusammengerechnet — wird mit 1 410 000 ℳ gebucht und als eine 28prozentige Verzinsung des Baukapitals Aschaffenburg-Landesgrenze und eine 21prozentige des Baukapitals Aschaffenburg-Hanau charakterisiert.

Diese letzteren Berechnungen, die in ihrer Methode nicht unanfechtbar sind, sind kaum nötig, um die evidente Rentabilität der Mainkanalisation bis Aschaffenburg zu beweisen.

Die direkte Verzinsung des Anlagekapitals ergibt sich in diesem Falle ohne Zuhilfenahme von Kanalgebühren — die ja auch am preußischen Untermaine nicht eingeführt sind — schon durch den Gewinn des Eisenbahnärars im Kohlenbezuge so klar, daß jeder Zweifel ausgeschlossen erscheint.

Allein man wird vielleicht sagen, die Denkschrift der Stadt Aschaffenburg sei eine Interessentenarbeit, das Material sei so gruppiert, daß es das ganz eminent in die Augen fallende Ergebnis bringe.

Es sei uns deshalb gestattet, nach dem Advokaten den Staatsanwalt, einen hohen bayerischen Staatsbeamten, den kgl. bayer. Generaldirektionsrat Englert[1]), zu Worte kommen zu lassen.

Englerts Gedankengang ist in den wichtigsten Punkten folgender:

Angenommen, die Tonne Kohle à 1000 Kilo wird z. Z. um 9 ℳ ab Ruhrzeche auf Waggons verkauft und gelangt an einem der bekannten Ruhrhäfen zum Einladen in die Rheinschiffe, die Bahnfracht ab Zeche bis zu diesem Hafen, das Einladen in die Rheinschiffe, der Transport mittelst Schleppern auf dem Rheine bis Gustavsburg und die Ausladespesen in die dort bereitstehenden Waggons kosten pro Tonne 5 ℳ 20 ₰, so stellt sich franko Waggon Gustavsburg die Tonne Ruhrkohle z. Zt. auf 14 ℳ 20 ₰; hiezu kommt nun noch der Transport von Gustavsburg-Hafen bis Aschaffenburg-Bahnhof auf dem Schienenwege, welcher nach vereinbartem Ausnahmstarife der Hessischen Ludwigsbahn dermalen 2 ℳ 10 ₰ pro Tonne beträgt, so daß die Gesamtkosten pro Tonne einer bestimmten Sorte Ruhrkohle sich loco Bahnhof Aschaffenburg auf 16 ℳ 30 ₰ stellen.

Könnte nun der Ruhrkohlentransport unabhängig von dem Schienenwege Gustavsburg bis Aschaffenburg auf dem Wasserwege, d. i. ohne Unterbrechung und Umladung, auf dem Rheine und Mainflusse bethätigt

---

[1]) Promemoria über die Notwendigkeit der Mainkanalisierung 4. März 1892 von J. Englert, k. b. Generaldirektionsrat; (nicht gedruckt).

werden, was selbst bei der ausgiebigsten Main-Korrektion mit der Kette nicht zu ermöglichen sein wird, so dürfte bei der Annahme, daß die Tonne Kohle loco Zeche 9 ℳ. kostet, mit Sicherheit auch weiter angenommen werden, daß der hinzukommende Schlepperlohn ab Ruhrhäfen bis Hafen Aschaffenburg, incl. Verladen in die Waggons, sich mehr als um allerhöchstens 1 ℳ nicht erhöht; für die weitere Folge dürfte diese Erhöhung voraussichtlich bis auf 50 ₰ per Tonne fallen.

Die auf dem Wasserwege direkt bis Hafen Aschaffenburg geschleppte Ruhrkohle würde demnach inklusive Ausladungskosten in die Waggons in Aschaffenburg sich auf allerhöchstens 15 ℳ 20 ₰, sicherer auf 14 ℳ 70 ₰ pro Tonne, d. i. mindestens um 1 ℳ. 10 ₰ bis 1 ℳ 60 ₰ billiger stellen, als bei der dermaligen Transportweise über Gustavsburg.

Der Grund für die große Verbilligung liegt in dem Wesen der direkten Großschiffahrt, bei welcher bis zu einem gewissen Höhegrade durch die Erhöhung der Ladefähigkeit und des Tiefganges des Schiffes die Spesen fortwährend relativ kleiner werden, sowohl hinsichtlich der Bemannung, wie hinsichtlich der Schlepplöhne, Hafengebühren ꝛc.

Den größten Gewinn von diesen Vorteilen der Großschiffahrt hätte bei der Mainkanalisierung bis Aschaffenburg der bayerische Eisenbahnärar. Bei direktem Transporte der von dem kgl. bayer. Eisenbahnärare z. Zt. (1891) benötigten Lokomotivkohlen von ca. 175 000 bis 200 000 Tonnen pro Jahr wird sich ein finanzieller Vorteil von ca. 200 000 ℳ herausrechnen lassen, welcher zu 5 Proz. kapitalisiert einer Jahresrente aus 4 Millionen Mark entsprechen.

Hiebei ist im Auge zu behalten, daß dieser finanzielle Vorteil für die kgl. bayer. Staatseisenbahnen ein bleibender und sogar steigender für alle Zukunft sein wird und zwar aus nachfolgenden Gründen.

Die sächsischen und Pilsener Steinkohlengruben, welche den Ruhrzechen gegenüber zunächst in Konkurrenz treten, sind bereits, so weit die bessere Qualität der Lokomotivkohlen in Frage kommt, im Abbaue der Kohlenflötze weit vorgeschritten und werden im Verlaufe der Jahre immer geringere Quantitäten Steinkohlen abbauen und auf den Markt bringen.

Die Ruhrkohlenflötze bieten selbst bei Bedarfszunahme eine 300jährige Dauer.(!)

Die mit der Ruhrkohle konkurrierende Saarkohle hat ihr natürliches Absatzgebiet auf den Kanälen ins mittlere, industrielle Frankreich, nach der Schweiz, Baden, Württemberg, Elsaß-Lothringen, Rheinpfalz und weniger nach dem diesseitigen Bayern.

Die Qualität, Leistungs- und Lagerfähigkeit der böhmischen und sächsischen Kohle steht jener der Ruhrkohle wesentlich nach; die Saarkohle kommt in erster Reihe nach der Ruhrkohle nach Qualität, ist indessen immer noch geringer und kalkuliert sich nach den östlichen, nördlichen und südlichen Lokomotivkohlenstationen, ja selbst bis Augsburg und München trotz des billigsten (italienischen) Ausnahmstarifsatzes teurer als Ruhrkohle.

Die nordböhmische Braunkohle dient als Hauptkonkurrentin für die böhmische und sächsische, bereits stark ausgebeutete Steinkohle, kann aber, wie auch für die Folgezeit vorausgesehen werden dürfte, wegen ihrer geringen Leistungs- und Lagerfähigkeit bei nur einigermaßen annehmbaren Ruhrkohlenpreisen auf weiteren als jetzt geschehenen Strecken keine Verwendung finden und wird für Schnellzüge, in Anbetracht der auf den bayerischen Staatseisenbahnen herrschenden Steigungsverhältnisse und dem fortschreitenden Verlangen beschleunigterer Fahrt, keine Aufnahme finden; auch Ruhrkohlenbriquettes werden anstatt roher Ruhrkohle für die Folge, soferne die Preiskalkulation sich günstiger stellt, wegen vorzüglicher Lagerfähigkeit und Leistung mehr und mehr zur Lokomitivfeuerung, insbesondere für schwere Güterzüge und Schnellzüge in Aufnahme kommen.

Für die Verkehrsbelebung der bayer. Staatseisenbahn ab Aschaffenburg wird die Mainkanalisierung und Handelshafenanlage dortselbst von größtem finanziellen Vorteile sein.

Werden pro 10 Tonnen 1 ℳ 50 ₰ Hafenumschlaggebühren in Aschaffenburg und für die Ausladung der Güter aus den Schiffen in die Waggons erhoben, so wird sicher eine Einnahme für die Hafenverwaltung von jährlich 60 000 ℳ neben gleichem Verdienst für die mit der Ausladung beschäftigten Arbeiter erwachsen.

Überdieß erspart die bayer. Eisenbahnverwaltung die von der hessischen Ludwigsbahn in den Frachtsatz zu 2 ℳ 10 ₰ pro Tonne eingerechnete Expeditionsgebühr Gustavsburg mit 5 ℳ pro Waggon.

Die für die kgl. bayer. Staatseisenbahnen und nicht minder für Private bezogene Ruhrkohle wird inkl. der Bahneinnahmen für Rangiergebühr (Hafen bis Bahnhof Aschaffenburg) um ca. 10—15 ℳ pro Doppelwaggon billiger als über Gustavsburg zu stehen kommen; daß hiedurch auch ein Preisdruck auf die aus anderen Gebieten bezogene Kohle ausgeübt wird, ist klar.

Dazu kommt noch der Verkehr mit anderen Artikeln als Kohle. Nach Eröffnung des Mainkanales und eines Handelshafens in Aschaffenburg dürfte sich die Zahl des jährlichen Wagenumschlages zu Berg und zu Thal Hafen — Bahnhof Aschaffenburg annähernd wie folgt gestalten:

1. Regieruhrkohlen für die k. bayer. Staatseisenbahnen 20 000 Doppelwaggons; 2. Ruhrkohlentransport für Hausbrand, Industrie, Handel 10 000 Doppelwaggons; 3. Umschlag an Stahl- und Eisenprodukten, Holz, Getreide, Importprodukten, wie amerikanischen und russischen Mineralölen, Kolonialwaaren, wie Zucker, Kaffee, Tabak, an Obst, Industrieprodukten und anderem, in ähnlicher Weise wie bei den Häfen Mannheim, Frankfurt, Mainz,

Ludwigshafen, Heilbronn zirka 10 000 Doppelwaggons, zusammen 40 000 Doppelwaggons, exklusive des Detailumschlages, welcher sich durch Weitertransport auf dem Obermain mittelst der Kettenschiffahrt ergeben dürfte.

Die Vorteile der Maintanalisation für die Stadt Aschaffenburg und deren in der Papierbranche einen Weltruf genießenden Industrie sind so evident, daß deren Aufzählung erspart werden kann.

Die Anzahl an Arbeitskräften bei dem Hafen Aschaffenburg wird sich auf 100 Köpfe veranschlagen lassen, welche sich zumeist aus der armen Umgegend und dem Spessart rekrutieren. Die bedeutende Industrie Bayerns in Gießerei und Maschinenfabrikaten, Baumwollspinnereiartikeln, Textil- und Holzstoff-, Papier- Farbenartikeln, Oelraffinaden, Mühlenprodukten u. s. f. wird die wichtigsten Rohprodukte, insbesondere Kohlen, auf dem Wasserwege billiger bis Aschaffenburg beziehen und hiedurch auch zu Gunsten der Steuerkraft und der Arbeiterbeschäftigung konkurrenzfähiger werden.

Die k. bayer. Staatseisenbahnen werden unabhängiger von den Tarifen der im Westen an Bayern angrenzenden fremden Eisenbahnen. Viele Güter, welche teilweise über Mannheim erst in Würzburg dem Weiterverkehr übergeben werden, werden auf ihren Strecken länger zu befördern sein.

Der Kleinschifferverdienst wird sich durch Umschlag geringerer Lasten, welche für den Kettenschleppbetrieb sich eignen, nach dem Obermain von Aschaffenburg aus beleben, und dem regen Wunsche hienach wird Rechnung getragen sein. — Soweit Englert!

Hienach ist also die Fortführung der Maintanalisation bis Aschaffenburg nach allen Richtungen hin für den bayerischen Staat nützlich und eigentlich nach keiner Richtung schädlich, da ja der eventuelle Ausfall im konkurrierenden Eisenbahnverkehr nicht von der bayerischen Staatsbahn, sondern von der hessischen Ludwigsbahn getragen wird.

Kommt auch unser zweiter Gewährsmann, dessen Gedankengang wir soeben darlegten, nicht zu so hohen Rentabilitätsziffern wie die Denkschrift der Stadt Aschaffenburg, so sind doch seine Ergebnisse wahrhaftig noch günstig genug.

Die Unterschiede dürften sich unter anderem aus dem etwas verschiedenen Zeitpunkt, der bei der Verkehrsberechnung zu Grunde gelegt ist und dadurch ergeben, daß Wörner möglichst alle in Betracht kommende Faktoren zur Geltung zu bringen sucht, Englert sich hauptsächlich an die direkte Frachtersparnis des Eisenbahnärars hält. Aber auch diese letztere genügt schon.

Der Vorteil von 200,000 ℳ jährlich, den nach Englerts Berechnung der Eisenbahnärar nach Durchführung der Maintanalisation bis Aschaffenburg bei seinem Kohlenbezug genießt, entspricht der 5prozentigen Verzinsung eines Anlagekapitals von 4 Millionen Mark, und das heißt nichts anderes, als daß das Werk sich schon ohne Kanalgebühren direkt fiskalisch rentirt.

Auch Professor Schanz in Würzburg kommt in seiner Schrift über die Mainkettenschleppschiffahrt[1]) zu einem ähnlichen günstigen Ergebnis und wird diesen Punkt in der Fortsetzung seiner „bayerischen Wasserstraßenstudien" wohl noch näher ausführen. Er berechnet aus dem Ruhrkohlenbezug des bayerischen Eisenbahnärars einen fiskalischen Gewinn von 304,414 ℳ jährlich und bei Einführung einer Kanalgebühr auf dem kanalisierten Maine von 0,7 ₰ pro T.-Km. einen solchen von 162,414 ℳ, welche Summen einem Kapital von 7,6, bezw. 4 Millionen Mark entsprechen würden. Mehr als 4 —4½ Mill. Mark wird aber nach Schanz' Berechnung die Kanalisierung der 20 Kilometer langen bayerischen Untermainstrecke bis Aschaffenburg nicht kosten.

So sind sich also über das erste Glied der bayerischen Mainkanalisierung, bei allen Differenzen in der Detailberechnung, wenigstens in dem Grundgedanken der Rentabilität, „die Gelehrten einig". Praktischer Geschäftsmann, Staatsmann und Vertreter der exakten Wissenschaft empfehlen sie dringend.

Nur ein wunder Punkt ist bei dieser Sache vorhanden, der politische. Preußen muß die Mainkanalisierung, deren Weiterführung bis Offenbach jetzt auch von Preußen genehmigt ist, bis an die bayerische Landesgrenze oder wenigstens bis Hanau fortsetzen, bevor Bayern ans Werk gehen kann.

Wir unterlassen es, auf das heikle Kapitel der internen Staatsverträge hier des Näheren einzugehen. Wir vertrauen darauf, daß unsere bayerische Staatsregierung ihr Möglichstes thun wird, und daß andererseits gerade der preußische Staat in einer der vitalsten wirtschaftlichen Fragen des zweitgrößten deutschen Bundesstaates sich nicht engherzig partikularistisch zeigen wird.

Im Übrigen ist die Frage der Mainkanalisierung bis Aschaffenburg — wie wir sahen — ideell vollständig gelöst. Je klarer aber die Sachlage bei diesem Teilstück unseres großen Projektes dargethan werden kann, um so mehr werden sich die Interessenten des mittleren und oberen und die der ganzen Main-Donauwasserstraße sagen: „De te fabula narratur" und auf die Fortsetzung des Werkes über Aschaffenburg hinaus hinarbeiten. Der Denkschrift der Stadt Aschaffenburg werden solche von Miltenberg, Lohr, Würzburg ꝛc. folgen, in welchen, abgesehen von einigen neuen Faktoren, die in Rechnung zu ziehen sind, dieselben Hauptgesichtspunkte hervortreten können, wie in der Frankfurter oder Aschaffenburger. Die Bewegung wird nie mehr zur Ruhe kommen.

Die Weiterführung der Mainkanalisierung bis Aschaffenburg erscheint gewissermaßen als eine Aufgabe für sich, von der Professor Schanz[2]) zusammenfassend sagt: „Die Vorteile liegen hier so auf der Gasse, die Bahn

---

[1]) „Die Kettenschleppschiffahrt auf dem Maine." Bamberg 1893, Anmerkung 69.
[2]) Über das Projekt einer bayerischen Großschiffahrtsstraße von Aschaffenburg bis Passau, Vortrag, gehalten in der Generalversammlung des Vereins für die Hebung der Fluß- und Kanalschiffahrt in Bayern, 26. November 1893.

hat in diesem Falle selbst ein so großes Interesse und so großen unmittelbaren Gewinn, die entgegengesetzten Interessen sind so minimal, daß man sofort damit beginnen dürfte."

Den weiteren Ausbau der bayerischen Main-Donau-Wasserstraße wollen wir nunmehr in gedrängterer Form nach der technischen, wirtschaftlichen und finanziellen Seite behandeln.

Nach allen drei Richtungen ist die Wahl der Dimensionen, in welchen die Wasserstraße ausgebaut werden soll, von grundlegender und ausschlaggebender Bedeutung. Die wirtschaftlichen Erwägungen sind dabei an die Spitze zu stellen, der Nationalökonom muß in diesem Falle die Rolle des Kapitäns, der Techniker die des Steuermanns übernehmen. Die gelungenste Flußregulierung, der technisch vollendetste Kanalbau verfehlen schließlich ihren eigentlichen Zweck, die finanziellen Aufwände sind unter Umständen geradezu verloren, wenn nicht die wirtschaftlichen, auch die absehbare Zukunft so weit als möglich berücksichtigenden Gesichtspunkte als entscheidend anerkannt werden. Man ist heute in dieser Beziehung zu dem Resultate gelangt, daß gegenüber dem sowohl in bezug auf Betrieb, wie hinsichtlich des Tarifwesens immer mehr dem Höhepunkt seiner Entwickelungsfähigkeit entgegengehenden Eisenbahnwesen die Wasserstraßen ihre hohe volkswirtschaftliche Bedeutung nur dann erfüllen, wenn sie für Großschiffahrt eingerichtet werden. Dieser Satz erhält erhöhte Bedeutung in dem Falle, in welchem die Wasserstraße gegenüber einer konkurrierenden Eisenbahn in der Trace einen beträchtlichen Umweg macht und bei Projekten, bei deren Verwirklichung nicht sowohl an ein interimistisches Hilfsmittel zur Beseitigung einer akuten Verkehrskrisis, sondern an ein auf viele Jahrzehnte hinaus wirksames Standartwerk der Volkswirtschaft eines Landes gedacht wird.

Unter Großschiffahrt im Binnenlande versteht man, ganz allgemein formuliert, den Schiffahrtsbetrieb, wie er auf unseren großen Strömen Rhein, Elbe, Donau 2c., an welche schließlich alle ganz oder teilweise künstlich hergestellten Wasserstraßen aus wirtschaftlichen Gründen Anschluß suchen müssen, eingeführt werden konnte, nachdem das wesentlichste, was zur Verbesserung des Stromlaufes geschehen konnte, ohne daß die Natur des Stromes total verändert zu werden brauchte (Seekanal!), geschehen ist. Diese Ströme bezeichnen die Normalspur für ein Wasserstraßennetz und wie heutzutage niemand mehr daran gehen wird, eine Vollbahn mit einer anderen, als der allgemein gebräuchlichen Normalspur zu bauen und sich dadurch den Übergang auf andere Bahnstrecken unmöglich zu machen, so tritt auch in neuerer Zeit immer deutlicher das Bestreben hervor, beim Ausbau eines deutschen Wasserstraßennetzes möglichst einheitlich vorzugehen, und wenigstens für die in direkter Beziehung stehenden Strecken gleichmäßige Dimensionen, welche auf absehbare Zeit dem Verkehrsbedürfnis genügen, zu Grunde zu legen. Man sieht jetzt beispielsweise ein, daß es für Frankfurt und — mit Rücksicht auf die Zukunft — auch für Magdeburg oder Nürnberg von großer Bedeutung ist, in welchen Dimensionen der in Aussicht genommene Dortmund-Rheinkanal gebaut wird.

Die Dimensionen nun, welche für die an den Rheinstrom anschließende Großschiffahrt, für einen Betrieb mit Schiffen bis zu 80—100 Tonnen (16000—25000 Zentner) Tragfähigkeit in Betracht kommen, sind: 2—2,5 Mtr. Wassertiefe ca. 80 Mtr. Schleußenlänge, ca. 10 Mtr. Schleußenbreite. In diesen Dimensionen ist die Untermainstrecke Mainz-Frankfurt ausgebaut, doch wurde neuerdings die Schleußenlänge wesentlich verlängert, damit man künftig nicht mehr bloß einzelne Schiffe, sondern ganze Schleppzüge auf einmal durchschleußen kann. Es können in Zukunft Schiffe bis zu 30000 Zentner vom Rhein nach Frankfurt also in einem Schiffe die Lasten von fünf Eisenbahngüterzügen von je 30 Waggon befördert werden. Damit scheint man aber hinsichtlich der Dimensionen an den Höhepunkt gelangt zu sein. Die Untermainkanalisierung wurde aber auch bei den anderen Wasserstraßenbestrebungen des Rheingebietes immer mehr zur Richtschnur genommen. Bei den einzelnen Gliedern des großen Kanalprojektes: Rhein-Ems-Weser-Elbe-Kanal wurden anfänglich etwas kleinere Dimensionen (Tiefe: 2—2,5 Mtr., nutzbare Schleußenlänge: 67—70 Mtr., Schleußenbreite: 8,6 Mtr) in Aussicht genommen, doch wurden die Anforderungen seitens der Interessenten neuerdings mehr und mehr gesteigert, während andererseits hinsichtlich des Gliedes Dortmund-Rheinkanal z. Z. wieder mit kleineren Dimensionen als denen des Rhein-Frankfurterkanals gerechnet zu werden scheint.

Ob dies im Hinblick auf den Rheinstrom gerechtfertigt erscheint, kann bezweifelt werden.[1]) Richtig ist, daß die „kleineren", immer noch sehr bedeutenden Dimensionen im östlichen Preußen sich als ausreichend erwiesen haben. Die bei der Kanalisierung der oberen Oder von Breslau aufwärts bis Kosel vorgesehenen Schleußen erhalten gleich denen des 1887—1890 gebauten Oder-Spreekanals eine Thorweite von 8,6 Mtr., eine nutzbare Länge von 55 Mtr. Es wird sich wohl hinsichtlich der Dimensionen eine östliche und eine westliche Gruppe der deutschen Wasserstraßen herausbilden. Auch die Projekte, durch welche Leipzig Anschluß an das preußische Wasserstraßennetz erhalten soll[2]), halten sich an die Dimensionen der östlichen Gruppe (2—2,5 Mtr. Tiefe, 70 Mtr. Schleußenlänge und 8,6 Mtr. Schleußenbreite), welche einen Betrieb bis zu 600 Tonnen-Schiffe ermöglichen.

Wenn man die Eingangs von uns versuchte Bestimmung des Begriffes „Großschiffahrt" im Auge behält, wird man die Herausbildung einiger großen Strom-Gruppen innerhalb der deutschen Binnenschiffahrt begreiflich finden.

---

[1]) „Über die Nothwendigkeit großer Abmessungen für den Dortmund-Rheinkanal." Mannheim, 17 II. 1894 (Petition).
[2]) „Die Leipziger Kanalfrage" von Havestadt und Kontag, Leipzig 1892.

Im Übrigen sind die Anforderungen doch allmählig wesentlich stabiler geworden als früher. Die in Frankreich 1879 aufgestellte Type (Tiefe 2 Mtr., Breite 5,2 Mtr., Länge 38,5 Mtr.) wurde bereits durch die Beschlüsse des II. internationalen Binnenschiffahrtskongresses in Wien (1886) (2—2,5 Mtr., 7 Mtr., 57,5 Mtr.) weit überholt, während seitdem die Steigerung der Anforderungen ein viel gemäßigteres Tempo annahm. Es kam in der Litteratur immermehr die Anschauung zur Geltung, daß auch bei den Wasserstraßen alles seine Grenzen habe, daß über einen gewissen Höhepunkt hinaus die Transportkostenersparnis in keinem Verhältnis zu der Erhöhung der Baukosten des Kanals mehr steht, daß man auch damit rechnen müsse, daß bei übermäßig großen Schiffen die Tragkraft bei sehr vielen Fahrten nicht ganz ausgenutzt werden könne und damit Verluste entstünden. Es ist eben mit dem Ausbau der Wasserstraßen ähnlich wie mit dem Anbau eines Getreidefeldes, wo man über einen gewissen Höhepunkt hinaus für das in den Boden gesteckte Düngerkapital keinen entsprechenden Ertrag mehr erhält.

So ist die hochwichtige Frage der Wahl entsprechender Dimensionen für den Ausbau der bayerischen Main-Donauwasserstraße so ziemlich geklärt. Wir müssen uns wohl an die westdeutsche Gruppe, an das Rheinsystem halten und die Regierungsvorlage für die Projektierung der Main-Donauwasserstraße dürfte mit ihren in Aussicht genommenen Abmessungen, welche im wesentlichen denjenigen der Untermainkanalisierung entsprechen, wohl das Richtige getroffen haben.

Es fragt sich nun, mit welchen technischen Mitteln läßt sich die Main-Donau-Wasserstraße und speziell das erste Glied, der Main bis Bischberg in den der Großschiffahrt entsprechenden Dimensionen ausbauen? Es läßt sich diese Frage zur Zeit wohl nur ganz allgemein beantworten, da Projektierungsarbeiten noch nicht vorhanden sind. Wie sehr die technischen Details sogar noch während der Ausführung eines Entwurfes in sehr wichtigen Punkten Modifizierung erleiden können, das lehrt uns die Baugeschichte des Ludwigs-Donau-Mainkanals zur Genüge. Es können z. B. beim Ausgraben des Kanalbettes noch Quellen gefunden werden zur Speisung des Kanals, und anderseits Stellen, welche sehr schwer wasserdicht zu machen sind und deshalb eine Abweichung von der geplanten Tracierung rechtfertigen. Der Pechmannsche Entwurf, nach welchem der Bau des Ludwigskanals in Angriff genommen wurde, ging von der Ansicht aus, daß die Altmühl durch Beschränkung auf die Normalbreite und durch einige Durchstiche und Nebenkanäle in den Dimensionen des ganzen Kanalprojektes schiffbar gemacht werden könnte, ein Irrtum, welcher die spätere Vermehrung der im Entwurfe vorgesehenen 94 Schleußen auf 100 und zum guten Teile auch die bedeutende Überschreitung des Kostenvoranschlages zur Folge hatte. Wenn auch Pechmanns spätere

Rechtfertigung[1]) gerade in diesem Punkte keine glückliche ist, so sieht man doch aus dem angezogenen Falle, wie notwendig eine ganz genaue, womöglich von einer Kommission vorzunehmende Detailprojektierung ist, bevor man das technische Moment für, aber auch bevor man es gegen ein Kanalprojekt ausspielen kann.

Was man zur Zeit in technischer Beziehung sagen kann, beruht, im Grunde genommen, auf Analogie, auf dem Vergleich mit ähnlichen Verhältnissen. Schanz und Lotter, die in ihren im Vereine für Hebung der bayerischen Fluß- und Kanalschiffahrt gehaltenen Vorträgen auf dieser Grundlage interessante Mitteilungen machten über die technische Ausführung der Mainkanalisierung und des Main-Donaukanalprojektes kamen dabei zu dem Resultate, daß etwa 50—70 Stauanlagen (Nadelwehre mit Schleußen) von Frankfurt bis Vischberg bei Bamberg notwendig sind, um dem Maine mittels Kanalisation die für die Rheingroßschiffahrt notwendige Tiefe zu geben. Es sind von der bayerischen Grenze bei Kahl bis Würzburg 66,4 Meter und von da bis zur Regnitzmündung weitere 62,6 Meter Flußgefälle zu überwinden und man kann nach Analogie anderer Flußkanalisierungen, speziell des Untermaines, auf je 2—2,2 Meter Gefälle eine Wehr- und Schleußenanlage rechnen. Von Natur bietet der Mainfluß im allgemeinen der Kanalisierung keine besonderen Schwierigkeiten dar, da seine Ufer zumeist hoch sind und eine künstliche Erhöhung derselben bei dem Aufstau des Wassers nur streckenweise notwendig werden dürfte. Welche Stellen hiefür in Betracht kommen, wo und wie die Wehre und Schleußen zu bauen sind u. s. w., das sind Dinge, welche erst die Detailprojektierung klarstellen kann.

Eines aber kann heute schon mit vollster Bestimmtheit behauptet werden, daß nämlich die für die Rheingroßschiffahrt notwendige Fahrwassertiefe von 2—2½ Meter durch Korrektion im Maine nicht erreicht werden kann. Selbst wenn die Vertiefung mittels Baggerung gelingen würde, so würde es bei dem raschen Abfluß des Wassers an Wasser fehlen, um das vertiefte Flußbett mit Wasser zu füllen. Aber auch die Korrektionsmethode an sich kann am Maine nicht viel erreichen.

Das Wesen der Korrektion beruht in der Herstellung eines gleichmäßigen sog. Flußschlauches, in der dadurch erwirkten bezw. beabsichtigten Ausgleichung der Gefälle und der Selbst-Austiefung des Flusses durch die gleichmäßige Kraft des Stromes, gegebenenfalls unterstützt durch Baggerungen und Durchstechung von Serpentinen. Es würde uns zu weit führen, des Näheren auszuführen, wo Buhnen, wo Parallelwerke, wo das kombinierte System am

---

[1]) Näheres siehe „Über die Zurückberufung des Baumeisters des Ludwigskanals von dem Bau desselben und dessen Versetzung in den Ruhestand" als Anhang zu Pechmann: „Der Ludwigskanal. Kurze Geschichte seines Baues und seiner noch bestehenden Mängel" 1854.

Platze ist, um die Einschränkung des Flusses auf eine Normalbreite[1]) zu erzielen, wie sich die Verlandung der Ufer ergibt und ähnliches. Gewiß hat jeder unserer Leser schon am Maine, an der Donau, am Oberrhein, am Inn oder sonst wo solche Regulierungsbauwerke gesehen. Speziell am Maine ist mit der Flußkorrektion schon viel operiert worden,[2]) doch hat man sich in neuerer Zeit andauernd dem System der Parallelwerke zugewendet. Es wurden auch einige Durchstiche gemacht und in Unterfranken wenigstens ist die eigentliche Korrektion als vollendet zu betrachten. Von der unterfränkischen Mainstrecke sind nach offiziellen Angaben[2]) schon im Jahre 1888 190 Kilometer durch Beschränkungsbauten korrigiert gewesen und „ein ansehnlicher Teil des Flusses im unteren Mainbezirke bedarf nunmehr wegen an haltend genügenden Fahrwassers und im allgemeinen be friedigender Verhältnisse entweder keiner oder doch nur unwesentlicher Korrektionen durch Beschränkungsarbeiten."

Was nun die „im allgemeinen befriedigenden Verhältnisse" anlangt, so bedarf dieser Ausdruck einer näheren Präzisierung.

Die durch die Korrektion erzielte Fahrwassertiefe im Maine ist für einen dem Eisenbahnzeitalter entsprechenden Schiffahrtsbetrieb und im Hinblick auf den großen Umweg, welchen die Mainwasserstraße gegenüber der Eisenbahn macht, vollständig ungenügend. Der frühere unterfränkische k. Kreisbaurat Karg[3]) weist nach, daß bis in die 80er Jahre trotz der Korrektion im Maine bis hinauf nach Würzburg noch keine Minimalfahrwassertiefe von 52 cm erreicht worden sei. Nach einer Zuschrift des k. Straßen- und Flußbauamtes Würzburg an den dortigen Magistrat vom 13. August 1887 war nach amtlichen Berechnungen bei Würzburg damals nur eine Fahrwassertiefe von 27 cm zu

---

[1]) Über die wichtige Frage der Bestimmung der Normalbreite und die hiezu nötigen Untersuchungen siehe Näheres in J. Schmid, k. Oberbaurat: „Hydrologische Untersuchungen an den öffentlichen Flüssen im Königreich Bayern". I. München 1884.

[2]) Näheres siehe „Der Wasserbau an den öffentlichen Flüssen im Königreich Bayern, München 1887/88, herausgegeben von der obersten Baubehörde im Staatsministerium des Innern" B. VI „Der Main". Dieses unter Leitung des k. Oberbaudirektors v. Siebert herausgegebene bedeutsame Werk faßt alles zusammen, was an den bayerischen Flüssen erreicht und wie es erreicht wurde. Dasselbe enthält außerdem die für die Bauthätigkeit an unseren Flüssen grundlegende Ministerialentschließung vom 21. Nov. 1878 „betr. technische Vorschriften für den Wasserbau an den öffentlichen Flüssen in Bayern". Eine kritische Würdigung der bayerischen, hinsichtlich der Korrektion der Gebirgsflüsse sehr beachteten Flußbauthätigkeit findet sich in „Rychter: Reisebericht über die Flußbauten in Bayern, Lemberg 1888 und Wolff: Flußregulierungen und Nutzbarmachung von Wasserkräften in Bayern und Württemberg, Centralblatt der Bauverwaltung 1882, 13 und 14".

[3]) Karg, Korrektion oder Kanalisation, Betrachtungen über die gegenwärtige und zukünftige Schiff- und Flößbarkeit des Maines, Würzburg 1888.

finden, welche ein Befahren des Maines mit leeren Schiffen und mit Holländer-Flößen nicht gestattete.

Im vorigen Sommer war der Main an einzelnen Stellen, z. B. bei Steft so seicht, daß Jeder, der nur zwei Meter weit zu springen vermochte, trockenen Fußes über den Fluß setzen konnte. Daß zeitweilig auf dem Maine nicht bloß die Schiffahrt, sondern sogar die Flößerei wegen ungenügenden Wasserstandes in ihrem Betriebe gehindert ist, läßt erkennen, daß die Fahrwasserverhältnisse des Maines durch die nunmehr über 50 Jahre nach einem bestimmten Plane fortgesetzten Korrektionsarbeiten nicht das gewünschte Resultat hatten und dem Maine nicht im Entferntesten die Fahrwassertiefe des Ludwigs-Donau-Mainkanals (nahezu 1½ m) verschaffen konnten. Letzteres ist auch gar nicht das Ziel der Korrektion, das nach dem ursprünglichen Plane erst im Jahre 1920 erreicht werden sollte. Im Finanzausschusse der Kammer der Abgeordneten im Jahre 1886 wurden noch 3,5 Millionen Mark als notwendig bezeichnet, um eine Minimalfahrwassertiefe von 0,75 m unterhalb Würzburg und eine solche von 0,60 m oberhalb Würzburg im Maine herzustellen. Man braucht nicht so skeptisch zu sein, wie Karg, der prophezeite, selbst dieses sehr bescheidene Ziel werde durch die derzeitige Korrektion nicht erreicht, und der behauptete, die Korrektion habe im Wesentlichen nur die Wirkung, das Flußbett des nicht sehr wasserreichen Maines von dem Wasser nur noch rascher als früher zu entleeren; man wird aber sagen müssen, daß bei der Korrektion alles ungewiß, schwankend und bestritten ist, während man bei der Kanalisation mit ganz bestimmten hydrotechnischen und finanziellen Faktoren rechnet, daß ferner aus wirtschaftlichen Gründen die Beibehaltung des ursprünglichen Korrektionsplanes auch im Falle eines glänzenden technischen Gelingens desselben vollständig verfehlt gewesen wäre. Durch die Entwickelung zum Dampf- und Großbetrieb in der Schiffahrt, die sich allenthalben vollzieht, und die bis zum Jahre 1920 sicher noch weiter fortschreiten wird, ist die Zeit über den 50 Jahre alten Mainkorrektionsplan zur Tagesordnung übergegangen.[1]

Nun hat die bayerische Staatsregierung dieser Entwickelung in neuester Zeit insoferne Rechnung getragen, als sie in Verbindung mit der Vorlage über die Einrichtung der Kettenschleppschiffahrt auf dem Maine dem Landtage eine rasche Vollendung der Mainkorrektion vorschlägt.

---

[1] „Wir hatten eine Periode in unserem Wasserbau, wo die Hauptkunst anscheinend darin bestand, das Wasser so schnell wie möglich wegzuschaffen, während es doch darauf ankommt, keinen Tropfen Wasser aus der Hand zu lassen, es zu behalten, wenn man es braucht, und es wegzuschaffen, wenn man es nicht braucht. So müssen die Einrichtungen gemacht werden, aber wir haben häufig das Gegenteil getan, das muß ich entschieden bezeugen. Ich glaube aber — man darf das ja wohl in solchem Kreisen sagen — es war der Anfang unserer Wissenschaft, wenigstens einer vernünftigen Praxis, und wir werden das in Zukunft doch wohl besser machen." v. Miquel, beim Frankfurter Binnenschiffahrtskongreß.

Dieser Schritt ist freudigst zu begrüßen, denn die rasche Vollendung der Korrektionsarbeiten kommt auch der Kanalisation zu gute, wenn bei der Ausführung stets an die nachfolgende Kanalisation gedacht wird, und die Aufgaben, welche die Korrektion erfüllen soll, dementsprechend gestellt und gegebenenfalls auch beschränkt werden.

Aber nur unter diesem Gesichtspunkte ist die geplante rasche Vollendung der Mainkorrektion zu begrüßen. Würde die Arbeit nicht im Benehmen mit der von der Staatsregierung in Aussicht gestellten Projektierungskommission für die Mainkanalisation und den Main-Donaukanal unternommen werden, würde man sich der Meinung hingeben, daß mit Mainkorrektion und Kette die Mainschiffahrtsinteressen und namentlich nicht bloß diese, sondern auch die Binnenschiffahrtsbestrebungen im übrigen Bayern südlich des Maines „auf absehbare Zeit" beruhigt sein werden, so würde man vermutlich in sehr absehbarer Zeit eine arge Enttäuschung erleben.

Um sich diese zu ersparen, möge man einen Blick auf die norddeutsche Flußbauthätigkeit werfen, auf die Erfahrungen, die man dort mit der Korrektion der mittlern und kleineren Flüsse, bezw. des obersten Laufes der großen Ströme gemacht hat.

Warum hat die Kanalisierung der oberen Oder im Jahre 1888 die „ungeteilte Zustimmung" des preußischen Abgeordnetenhauses gefunden? „Weil sich die Regulierung wegen der geringen Wassermenge als nicht ausreichend erwies." Wie hat man es anderswo zu Stande gebracht, daß auf Flüßchen, die an Wasserreichtum unter unseren Donaunebenflüssen Inn, Isar, Lech stehen, ein lebhafter Schiffahrtsverkehr stattfindet? Durch die Kanalisierung! Warum ist die Mosel trotz der mit großen Kosten nach jahrzehntelanger Arbeit vollendeten Korrektion heute in ihrem unkanalisierten mittleren und unteren Laufe (der obere ist kanalisiert!) ohne den ihr gebührenden Anteil an der neuen Blüte der Binnenschiffahrt in Preußen? Weil die verzwickten wirtschaftlichen Interessegegensätze in den dortigen Industriebezirken die Ausführung des Kanalisierungsprojektes[1]) bisher verhindert haben.

Warum wurde der Untermain von Preußen kanalisiert? Weil die Korrektion für den Verkehr nahezu wirkungslos blieb! Ziehen wir also rechtzeitig die Konsequenz für unsere bayerischen Flüsse! Halten wir uns an das Wort des Prinzen Ludwig von Bayern:

„Daß für die große Schiffahrt der Main ausschließlich nur durch die Kanalisation zu gewinnen ist, das ist meine Überzeugung, in der mich nichts

---

[1]) Nach Friedels Entwurf sind für die Kanalisierung der 301 Kilometer langen Moselstrecke 32 Nadelwehre nötig und soll das ganze Werk mit einem Kostenaufwand von 15 Millionen Mark in drei Jahren vollendet sein. S. „Die Kanalisierung der Mosel" bei Aug. Bügel in Düsseldorf 1888.

wanken machen wird. Hat ja doch für den Teil des Maines, der jedenfalls am meisten Wasser hat, b. h. für den untersten Teil, von Mainz bis Frankfurt hinauf, auch erst die Kanalisation die große Blüte der Schiffahrt und damit auch Frankfurts hervorgerufen. Also, wenn es unten ohne Kanalisation nicht gegangen ist, so wird es oben noch viel weniger gehen, daß man den Main mit großen Schiffen befährt. Nur die Schiffahrt mit letzteren hat eine Zukunft und stellt ein Aufblühen der Mainorte bis Bischberg hinauf in Aussicht."

Die Mainkanalisation wird auch auf den bestehenden Ludwigskanal einen wirklich belebenden Einfluß ausüben können und sie allein wird späterhin in Verbindung mit dem Umbau des Donau-Mainkanals dem rechtsrheinischen Bayern eine zeitgemäße, große deutsch-österreichische Transitwasserstraße zu schaffen vermögen. Wir werden wohl — wie Preußen für den alten Friedrich-Wilhelmskanal den neuen Oder-Spreekanal baute, weil die Einrichtungen und Abmessungen an jenem nicht mehr genügten — auch für unseren Ludwigskanal Ersatz schaffen müssen.

Die Hauptmängel des letzteren gegenüber den modernen erhöhten Ansprüchen sind die zu kleinen Abmessungen und die zu große Schleußenzahl. Als neuere technische Hilfsmittel sind bekanntlich in Betracht zu ziehen, die sog. „schiefen Ebenen", die lotrechten Schiffshebewerke, die G. Meyer'sche Schiffseisenbahn, die größer dimensionierten, ein größeres Gefälle überwindenden Schleußen, die für die Wasserersparnis wichtigen Trogschleußen, in denen das Schiff schwimmend bleibt, wenn es auf der schiefen Ebene oder mittels des Hebewerkes ein Gefälle überwindet.[1]

Wie weit diese neueren technischen Mittel, durch welche das Problem der Verringerung der Schleußenzahl und der Wasserersparnis vollständig gelöst wird, bei dem neuen Donau-Mainkanale anwendbar sein werden, vermögen wir natürlich nicht zu sagen. Wie weit sich z. B die neuerdings von Peslin vervollkommnete „schiefe Ebene" anwenden läßt, das kommt ganz auf die örtlichen Verhältnisse an und diese selbst werden wieder durch die Tracen bedingt, welche die Projektierungskommission vorschlagen wird. Über die Trace selbst zur Zeit schon zu disputieren, kürzere Tracen auf der Karte zu zeigen,[2] ist in dem Stadium, in dem sich die Angelegenheit zur Zeit befindet, bedeutungslos.

Was die Hebewerke betrifft, so hat man sich hierüber noch auf dem Brüsseler Binnenschiffahrtskongreß mit großer Reserve ausgesprochen, inzwischen kamen die praktischen Erfolge der Hebewerke von La Louvière und Les Fontinettes[3]

[1] Näheres s. Hoch: Trogschleußen in senkrechten Hebungen und auf quergeneigten Ebenen. Berlin 1892.

[2] „Votre doigt n'est pas un pont" sagte Prinz Condé zu dem Beichtvater Ludwig XIV., der ihm auf der Karte eine Armee-Marschroute zeigte.

[3] S. Dufourny Quelques données et résultats pratiques sur les ascenseurs belges 1889. Das Hauptwerk ist: P. Pfeifer „hydraulische Hebungen und Trogschleußen mit lotrechtem Hub". Berlin 1891.

(1888), welche gegenüber dem ersten Hebewerk von Anberton (1876) einen großen Fortschritt bedeuteten. Der weitere Fortschritt in dieser Richtung geht auf Vereinfachung, Verbilligung und Erhöhung der Leistungsfähigkeit im Heben der Schiffe. Die neueste Konstruktion auf diesem Gebiete, das besonders von Seyring, Jebens und Prüsmann erfundene, bezw. theoretisch entwickelte und vom Grusonwerk 1888 und 1893 konstruirte Hebewerk, auf Schwimmern ruhend, leistet eine Hebung von Schiffen bis zu 800 Tonnen und bis auf eine Höhe von 20 Meter. Bei allen den neueren Kanalprojektierungsarbeiten: Ems-Weser-Elbe-Kanal[1]) und Dortmund-Rheinkanal, Karlsruher-Rheinkanal[2]), Donau-Oderkanal[3]) u. a. hat man die Schiffshebewerke a s einen hochbedeutsamen neuen Faktor im Verkehrswesen berücksichtigt.

Im engsten Zusammenhang mit der Verringerung der Schleußenzahl durch die Zusammenfassung des Gefälls in Hebewerken steht die Einführung der Dampfschiffahrt auf den Kanälen. Über das Problem des Schiffzuges auf Kanälen, über elektrischen Zug mittels Drahtleitung am Ufer, über Lokomotivzug, über das System Levy und Oriolle („Seil ohne Ende") u. s. w. existiert eine ganze Litteratur. Interessant in dieser Hinsicht sind die von der preußischen Regierung auf dem Oder-Spreekanal gemachten Versuche, für welche Experimente — nebenbei bemerkt — die preußische Regierung von der Volksvertretung eine Summe (120 000 ℳ) bewilligt bekam, welche der ersten vom bayerischen Landtage zur Zeit verlangten Rate der Projektierungskosten für den Ausbau der Main-Donauwasserstraße entspricht.

Wir verlassen nunmehr das technische Gebiet, indem wir die Beurteilung dessen, was an dem dritten Gliede unserer Wasserstraße, der bayerischen Donau, technisch noch zu geschehen hat, die Lösung der Frage, ob hier die Korrektion ausreicht, oder vielleicht stellenweise Kanalisirung oder ein Lateralkanal notwendig wird, den Technikern überlassen, und wenden uns nunmehr der wirtschaftlichen Seite unseres Themas zu. Zuvor wollen wir aber einige Frachtberechnungen mitteilen. Wir müssen dabei freilich mit theoretischen Abstraktionen operieren, von denen die Praxis vielfach abweicht. Der Schiffer rechnet bei seinen Frachtsätzen eben nicht nach Sympher oder Bellingrath, sondern nach Reisen, nach der Konkurrenz, insbesondere nach der Eisenbahn. Es rechnet mit der möglichsten Ausnützung seines Schiffskapitals — er individualisiert. So etwas Bestimmtes, wie ein Spezialtarif bei der Eisenbahn ist der z. B. von Bellingrath[4]) für Massengüter auf weitere Entfernungen

---

[1]) S. die Denkschriften von Fritz Geck.
[2]) S. die Denkschrift der Stadt Karlsruhe.
[3]) S. Olwein „Bericht über den Donau-Oderkanal" im „Danubius" vom 30. Nov. 1893 ff.
[4]) Bellingrath, Studien über Bau und Betriebsweise eines deutschen Kanalnetzes, Berlin 1879.

zu 0,55 ₰ pro Ztr. und Meile und für alle Güter ohne Rücksicht auf die Entfernung auf 0,8 ₰ pro Ztr. und Meile berechnete Durchschnittsschiffahrtsfrachtsatz natürlich nicht. Das gleiche gilt von anderen Fachmännern,[1]) die als Betriebskosten ohne Zinsen und Amortisation — bei der Eisenbahn 1,62 ₰ und beim Schiffahrtsbetrieb 0,67 ₰ pro Tonnen-Kilometer aufstellte und als Durchschnittsfrachtsatz der Großschiffahrt 0,8 ₰ pro Tonnen-Kilometer berechneten. Wenn es nach der Theorie ginge, müßte die z. B. noch auf dem Maine bestehende Kleinschiffahrt, insbesondere die auf weitere Strecken, z. B. von Bamberg oder Würzburg bis Mainz, längst bis auf den letzten Rest verschwunden sein, während sie in Wirklichkeit immer noch existiert. Immerhin kann man den Durchschnittssatz von 0,8 ₰ pro Tonnen-Kilometer bei Großschiffahrt zu Grunde legen, wenn man einigen Spielraum läßt und im Auge behält, daß der Satz variabel ist, z. B. bei der Donaugroßschiffahrt höher, bei der Elb- und Rheingroßschiffahrt niedriger. Die außerordentliche Bedeutung der Großschiffahrt im Güterverkehr dürfte sich sodann aus nachfolgender Gegenüberstellung von Durchschnittsziffern ergeben:

Fracht pro Tonnen-Kilometer	Fracht für ein Güterquantum von 300 Tonnen auf 100 Kilometer transportiert (also für 30000 Tonnen-Kilometer)
1. bei Fuhrwerk 14—27 ₰	4200—7200 ℳ
2. bei Eisenbahn:	
a) nach dem niedrigsten Spezialtarif III 2,7 ₰	810 ℳ
b) nach dem niedrigsten Ausnahmetarif inkl. Expeditionsgebühr 2 ₰	600 ℳ
3. bei kleinerem und mittlerem Schiffahrtsbetrieb 1,7—1 ₰	510—300 ℳ
4. bei Großschiffahrt 0,8—0,5 ₰	240—150 ℳ

Theoretisch gerechnet, ist auch noch der kleine und mittlere Schiffahrtsbetrieb der Eisenbahn gegenüber konkurrenzfähig, wenn die Wasserstraße im Vergleiche zur Eisenbahn keinen Umweg macht, in welchem Falle die Differenz der Schiffahrtsfracht gegenüber den Ausnahmetarifen und dem Spezialtarif III der Eisenbahn durch die Multiplikation des Frachtsatzes mit der Kilometerzahl sofort kompensirt wird. Das gilt namentlich für den Main, für dessen Verkehrskrisis die Großschiffahrt das einzige dauernd wirksame Heilmittel ist. Allerdings kommt bei Großschiffahrt streckenweise eine Gebühr hinzu, die für Unterhaltung und Betrieb und in der Regel auch für die Verzinsung des Anlagekapitals der ganz oder teilweise künstlich hergestellten Wasserstraße erhoben wird. Aber selbst

---

[1]) S. besonders Sympher: Die Transportkosten auf Eisenbahnen und Kanälen. Berlin 1885, ferner ders.: „Wirtschaftliche Bedeutung der Binnenwasserstraßen."

wenn man auf der ganzen Main-Donauwasserstraße, also auch auf dem kanalisierten Maine Kanalgebühren erhebt in einer Höhe, die bei entsprechendem Verkehr nicht bloß Betrieb und Unterhaltung der Wasserstraße, sondern auch Verzinsung und Amortisation des Anlagekapitals gewährleistet, selbst wenn der Mainlauf mit allen seinen Krümmungen der Wasserstraße zugrunde gelegt[1] und keine Abkürzung der Trace vorgenommen wird, dürfte der größte Teil des rechtsrheinischen Bayerns in Bezug und Absatz durch die Großschiffahrt auf der Main-Donauwasserstraße immer noch billiger versehen werden, als z. Zt. auf den Eisenbahnen, besonders den an den Mannheimer Stapelplatz anschließenden Linien.

Die Beibehaltung a l l e r Krümmungen, welche die Main-Donauwasserstraße von Aschaffenburg bis Passau macht, beeinträchtigt natürlich die Bedeutung dieser Wasserstraße insbesondere für den Transitverkehr ganz wesentlich. — Wir haben von Aschaffenburg bis Regensburg 517 Kilom. Wasserstraße und nur 294 Kilom. direkte Eisenbahnlinie. Der Umweg ist groß, ist aber auch bei sonstigem regen Wasserstraßen-Verkehr nicht unbeträchtlich und beträgt nach Ulrich z. B. für

	Wasser	Eisenbahn
Breslau-Stettin	500 Kilom.	350 Kilom.
Hamburg-Berlin	400 „	285 „
Hamburg-Dresden	585 „	470 „

Und doch gehen auch hochwertige Güter diese Wasserstraßenwege. So erzählte Bergrat Gothein kürzlich in der Ausschußsitzung des Berliner Zentralvereins für Hebung der deutschen Fluß- und Kanalschiffahrt von einer Lieferung von 50 000 Sack Kaffee, welche von Hamburg nach Breslau zu Wasser ging.

Wenn wir den Großschiffahrts-Frachtsatz von 0,8 ₰ pro Tonne = 1000 Kilo und pro Kilometer im Auge behalten, ohne zu vergessen, daß auf einzelnen Strecken eines bayerischen Wasserstraßennetzes, wie auf der ganz künstlich zu bauenden Main-Donaukanalstrecke, eine den Verhältnissen entsprechende rationelle Kanalgebühr von etwa 0,7 ₰ pro Tonne und Kilometer zu jenem Frachtsatze hinzutritt,[1]) wenn wir andererseits die im Vergleich zu diesen Frachtsätzen sehr hohen Eisenbahntarife, deren n i e d r i g s t e r Spezialtarif immer noch 2,7 ₰ pro Tonnenkilometer beträgt und deren Ausnahmetarife inkl. Expeditionsgebühr nicht unter 2 ₰ pro Tonnenkilometer heruntergehen, den Schiffahrtstarifen gegenüber stellen und in Erwägung ziehen, wie sich die kleine Differenz für 1 Tonne und 1 Kilometer durch die Z a h l d e r T o n n e n, der Kilometer und der T r a n s p o r t e für jeden, der

---

[1]) Auf dieser Grundlage sind die Berechnungen über das Projekt von Schanz in den Münchener Neuesten Nachrichten März 1893 aufgebaut.

mit Frachten zu thun hat, ins Hundert- und Tausendfache multipliziert, dann werden wir wohl sagen dürfen, daß es sich bei der Wiedererweckung der Binnenschiffahrt in Bayern, bei der Schaffung eines Wasserstraßennetzes auf der Basis einer für die Großschiffahrt eingerichteten Main-Donau-Wasserstraße von Aschaffenburg bis Passau um eine für Bayerns Volkswirtschaft eminent wichtige Angelegenheit handelt. Daß der Ausbau einer leistungsfähigen Main-Donauwasserstraße von selbst den Ausbau einer Reihe weiterer Glieder eines Wasserstraßennetzes mit sich bringt, ist aus wirtschaftlichen Gründen selbstverständlich.

Der hohe Protektor der bayerischen Binnenschiffahrt Prinz Ludwig hat in seiner im Verein für Hebung der Fluß- und Kanalschiffahrt in Bayern gehaltenen bedeutungsvollen Ansprache die für die Zukunft in Betracht kommenden Linien eines bayerischen Wasserstraßennetzes skizziert: Es kommt in Betracht vor allem die oberbayerische Donau bis Ulm, der Anschluß der Städte München und Augsburg sowie der südbayerischen Seen, die Schiffbarmachung der wichtigeren Nebenflüsse der Donau und des Maines, der Main oberhalb Bischberg und die Verbindung desselben mit Weser und Elbe, der Anschluß des Bodensees und der Pfalz an das elsaß-lothringische Wasserstraßennetz. Es sind Zweigkanäle ins Auge zu fassen, wobei darauf hingewiesen sei, daß z. B. beim Rhein-Weser-Elbe-Kanal Zweigkanäle geplant sind, die nahezu der Entfernung Nürnberg-Amberg oder Nürnberg-Ansbach entsprechen. Wenn man nicht glauben will, daß sich auch kleinere Flüsse für die Großschiffahrt durch Aufstauung mittels Kanalisation einrichten lassen, so möge man nur auf Frankreich und Norddeutschland blicken.

„Man hat einigemal," sagte Boulé in seinem Referat beim Frankfurter Binnenschiffahrtskongreß, „die Möglichkeit bestritten, Nadelwehre in Flüssen von reißendem Charakter oder in solchen anzubringen, deren Bett veränderlich ist oder vielen Sand oder groben Kies und Geröll mit sich führt; gleichwohl bestehen seit langer Zeit schon bewegliche Wehre auf der Loire bei Decize und bei Roanne, auf dem Allier bei Vichy, auf der Garonne bei Bellegarde in der Nähe von Agen und auf der Saone bei ihrer Einmündung in die Rhone."

Man kann sich also auch bei uns in Bayern der Hoffnung hingeben, daß ein bayerisches Wasserstraßennetz für Großschiffahrt technisch sehr wohl möglich ist; was es volkswirtschaftlich bedeutet, haben wir durch die Mitteilung der Frachtsätze bereits allgemein charakterisiert.

Es erübrigt uns nur noch, einige wirtschaftliche Details für die große Bedeutung einer durch Großschiffahrt auf einem bayerischen Wasserstraßennetze erreichbaren allgemeinen Frachtverbilligung mitzuteilen, wobei wir uns an dieser Stelle darauf beschränken müssen, einige Beispiele aus dem reichen gesammelten Material hervorzuheben, die vollständige enquêtemäßige wirtschaftliche „Detailprojektierung" für die Zeit der technischen Projektierung uns vorbehaltend.[1])

In Norddeutschland ist die Industrie in merklich aufsteigender Entwickelung begriffen.

Der niederrheinisch-westfälische Bergbau z. B. förderte 1856 3,8 Millionen Tonnen Steinkohlen, 1890 dagegen 36 Millionen Tonnen Kohlen und 1½ Millionen Tonnen Roheisen. Das Abfallprodukt der Thomas-Schlacke (Düngemittel!) wird von dort in 4 Millionen Tonnen exportiert. Das niederrheinisch-westfälische Kohlenbecken ist das bedeutenste des europäischen Festlandes, denn die bis jetzt erschlossenen Kohlenflöze umfassen mindestens 22500 Millionen Tonnen Kohlen.

Wie sich in Deutschland im direkten Zusammenhange mit der neueren in den 50er und 60er Jahren beginnenden Entwickelung des Eisenbahn- und Wasserstraßennetzes bis zum Ausbau des Hauptbahnnetzes (etwa 1885) der Bergbau entwickelte, ergibt die umstehende Tabelle.

Warum wir diese Tabelle mitteilen? Um an einem Beispiele zu zeigen, daß die Verkehrswege auch noch andere Zinsen tragen, als Gebühren. Der Satz: „Jeder neue Verkehrsweg soll sich selbst bezahlt machen" ist nicht haltbar. Auf diese Weise wären wir heute noch auf mittelalterlicher Kulturstufe, denn weder die Chaussee- noch die Eisenbahnnetze wären zu Stande gekommen.

Man stelle sich nur einmal vor, wie diese Ziffernreihe aussehen würde, wenn nicht gleichzeitig die vielen Millionen für die Verkehrsmittel ausgegeben worden wären, wenn man die von den überlegenen „realistischen" Verstandesmenschen" mitleidig belächelten „phantasievollen Köpfe", welche von Kanal- und Eisenbahnnetzen in Deutschland träumten, beharrlich verachtet hätte, wenn man denen Recht gegeben hätte, die damals immer sagten, Deutschland wäre kein Boden für Eisenbahnen, in England und Frankreich sei es etwas anderes, dort sei größerer Verkehr, man müsse immer mit den gegebenen Verkehrsgrößen rechnen, alles andere sei Phantasie.

---

[1]) Die Interessenten sollten selbst mit solchen Berechnungen ihrer durch ein bayerisches Wasserstraßennetz erreichbaren Vorteile mehr an die Öffentlichkeit treten. Für solche, die sich näher mit der Sache beschäftigen wollen — was im Hinblick auf die Bedeutung der Sache und die Schwierigkeiten nur wünschenswert wäre —, empfehlen wir als Hilfsmittel außer den Handelskammerberichten u. Ähnl. den „Statistischen Bericht über den Betrieb der kgl. bayer. Verkehrsanstalten", bes. die Beil. X ff. (über den bayer. Güterverkehr); das offizielle „Verzeichnis der für den Güterverkehr wichtigeren industriellen Betriebe im Bereiche der bayerischen Staatseisenbahnen" (gemeint sind solche mit Waggonladungsverkehr); in Ergänzung hiezu die „Übersichten der Produktion des Bergwerk-, Hütten- und Salinenbetriebes im bayerischen Staate" und die Denkschrift „die Landwirtschaft in Bayern". Hinsichtlich der Konkurrenz mit dem Seewege geben einiges Material an die Hand die „Übersichten der Weltwirtschaft von Dr. Franz v. Juraschek Berlin 1885—1889.

Produktion der Bergwerke und Hütten-Production

Jahr		Summe aller Bergs-Producte		Darunter Steinkohlen		Summe aller Salze aus wässeriger Lösung		Summe aller Hüttenproducte		Darunter Roheisen	
		Menge 1000 Tonnen	Werth 1000 ℳ	Menge 1000 Tonnen	Werth 1000 ℳ	Menge 1000 Tonnen	Werth 1000 ℳ	Menge 1000 Tonnen	Werth 1000 ℳ	Menge 1000 Tonnen	Werth 1000 ℳ
1.		2.	3.	4.	5.	6.	7.	8.	9.	10.	11.
1861	Zollgebiet in der Begrenzung von 1850	21318,8	128044	14133,0	80781	280,6	11441	690,9	105428	591,6	56291
1862		28683,3	134293	15576,3	83098	288,8	11485	799,6	114092	696,3	62505
1863		25591,0	141425	16906,7	85469	286,8	10790	919,5	125942	812,5	71469
1864		29185,7	164297	19419,0	100557	291,7	11023	1013,0	135644	904,7	76515
1865		32519,7	188985	21794,7	120529	294,4	10781	1097,1	142727	988,2	84113
1866		32243,0	198126	21629,8	127290	289,6	10516	1161,0	148883	1046,9	86175
1867	Zollgebiet, für 1871 auch Zollanschlüsse	35174,5	214414	23808,1	137414	296,4	10173	1259,7	152793	1113,6	84634
1868		37649,3	224957	25704,8	145791	285,9	7764	1396,8	164129	1264,4	92906
1869		39665,0	240429	26774,4	155785	302,3	8444	1554,4	178851	1413,0	104739
1870		39069,7	248217	26397,8	163537	308,1	8530	1527,2	176457	1301,1	106365
1871		43575,7	314155	29973,3	218351	332,1	9326	1744,6	206305	1563,7	126957
1872	Deutsches Reich und Luxemburg	49904,5	415668	33906,4	296668	333,9	13858	2178,0	314830	1988,4	222342
1873		54008,4	535742	36992,3	403645	438,4	16583	2439,6	359745	2240,6	248615
1874		53457,0	505660	36918,6	387183	490,2	18407	2129,5	268999	1906,2	161122
1875		54838,9	416875	37436,4	297485	477,8	17433	2294,9	262801	2029,4	146175
1876		56197,0	380670	38454,4	263678	446,0	17495	2125,9	230108	1846,4	114841
1877		55481,4	333458	37529,6	216972	562,4	24545	2231,6	226896	1932,7	111653
1878		53268,7	324267	39389,8	207916	595,6	24519	2468,0	224921	2147,6	114582
1879		61568,2	318069	42025,7	205703	644,2	24970	2569,0	220007	2226,7	112352
1880		68791,4	375512	46973,6	245665	693,0	28576	3104,6	287919	2729,0	163390
1881		71947,7	389270	48688,2	252252	738,5	33567	3404,6	291240	2914,0	163975
1882		76872,8	412899	52118,6	267859	754,2	41495	3914,5	336136	3380,8	195708
1883		82435,9	436487	55943,0	293628	731,0	40831	4018,5	324141	3469,7	184984
1884		84056,5	437426	57233,9	298780		36537	4191,4	344645	3600,6	172640
1885		85572,7	437449	58293,9	302825	666,8	31994	4177,6	270209	3652,6	154746

Daß von dieser Produktion der weitaus größte Teil auf Norddeutschland und nur ein geringer Teil auf Bayern fällt, ist bekannt.

Die Kohlenproduktion des Ruhrkohlenreviers ist z. B. in folgender Weise gestiegen:

1850	1 665 662 Tonnen
1860	4 365 834 "
1870	11 812 528 "
1880	22 495 204 "
1888	33 024 000 "
1890	35 517 083 "
1893	38 615 610 "

Die genannten drei Massenartikel, Kohle, Eisen und Düngemittel gehen zu einem guten Teile auch nach Süddeutschland und diese sowie andere Exportartikel des Niederrheins gehen auch auf dem Seewege in die unteren Donau- und die Pontusländer. Zu den Rohprodukten kommen die mannigfaltigen Fabrikate der Industrien und die Artikel des Großhandels aus Rheinland-Westfalen und einem Teile der Niederlande, welche für unsere bayerische an die Rheinschiffahrt anschließende Großschiffahrt in Betracht zu ziehen sind.

Gegenüber diesem Güterverkehr des rheinisch-westfälischen Industriegebietes, an welches wir direkten Schiffahrtsanschluß erhalten, ist der von Paris (14 Millionen Tonnen), Berlin (12 Millionen Tonnen) oder Wien (5 Millionen Tonnen) geringfügig zu nennen.

Zur Zeit hat — wie unsere bayerische Eisenbahnstatistik zeigt — dieses rheinische Industrie- und Handelsgebiet für unseren bayerischen Transit-Verkehr nicht die Bedeutung, die es haben würde, wenn die Verkehrsarterie, die uns von Natur aus damit verbindet und uns darauf hinweist, der Main in dem für Rheingroßschiffahrt entsprechenden Zustande wäre. Wir würden nach dessen Ausbau — ganz abgesehen von dem Main-Donaukanal — einen großen Teil von dem Verkehr jenes Industriegebietes an uns ziehen. Was zur Zeit die Schiffahrt in Bayern an Fernverkehr heranzuziehen vermag, sagt uns der letzte Bericht der Regensburger Agentur der 1. k. k. österreich. Donau-Dampfschiffahrtsgesellschaft in dem oberpfälzischen Handelskammerbericht für 1892. Es gelangten im Jahre 1891 nur 3238 Waggons von auswärts nach Regensburg (zum Umschlag auf die Donauschiffe), deren Provenienz sich auf ganz Deutschland samt Seehäfen, sowie auf Holland, Belgien, Elsaß-Lothringen und Frankreich erstreckt. Die Zielpunkte dieses Verkehrs sind vor allem die Plätze: Wien, Budapest und Orsowa. Wie anders wird sich dieser Fernverkehr gestalten nach dem Ausbau des Maines und der bayerischen Main-Donauwasserstraße!

Die auf österreichischem Gebiete seit einigen Jahren mit so großer Energie betriebene Donaukorrektion macht ihre Wirkung auf das dem niederrheinischen im Südosten entsprechenden zweite Alimentationsgebiet unserer

Wasserstraße bereits geltend. Auch auf bayerischem Gebiete wird es immer besser, das große Schiffahrtshindernis der Straubinger Brücke wird beseitigt; möge die alte Regensburger Donaubrücke bald nachfolgen. „Ungeachtet aller widrigen Umstände ist in mehreren Verkehrsrelationen, so namentlich im Stückgutverkehr ab Regensburg und Wien ein erfreulicher Aufschwung zu verzeichnen und eine weitere Steigerung zu erwarten."[1]) Nach einer von der Regensburger Agentie der österr. Donaudampfschiff.-Gesellsch. dem Verfasser vor 2 Jahren gemachten „Übersicht der im Jahre 1891 aus- und eingegangenen Gütermengen" betrifft der Verkehr hauptsächlich folgende Güter:

Angekommen zu Berg

Gattung der Güter	Doppelzentner
Knochen	8 100
Farbholz	550
Flachs, Hanf, Heede und Werg	250
Weizen und Spelz	486 600
Roggen	40 600
Gerste	94 900
Anderes Getreide und Hülsenfrüchte	106 900
Obst, frisch und getrocknet	15 000
Häute, Felle, Leder und Pelzwerk	500
Harte Stämme (Nutz-, Bau- und Schiffsholz)	93 950
Schnittware, harte	53 050
Borke und Lohe	2 000
Wein	2 600
Mehl und Mühlenfabrikate	73 550
Fette Öle und Fette	900
Wolle, rohe	6 800
Alle sonstigen Güter	18 890
Totale	1 005 140

Expediert zu Thal

Gattung der Güter	Doppelzentner
Düngemittel aller Art	200
Lumpen aller Art	461
Knochen	1 647
Rohe Baumwolle	12
Soda	745
Farbholz	1
Salpetersäure, Salz- und Schwefelsäure	15
Roheisen und Brucheisen	1 100
Andere unedle Metalle, roh und als Bruch	12 978
Übertrag	17 159

---

[1]) Geschäftsbericht der 1. k. k. priv. österr. Donaudampfsch.-Gesellsch. über das Verwaltungsjahr 1892. Wien 1893.

Gattung der Güter	Doppelzentner
Übertrag	17 159
Verarbeitetes Eisen aller Art	118 245
Zement, Traß und Kalk	33 986
Erde, Lehm, Sand, Kies und Kreide	9 701
Erze	492
Flachs, Hanf, Heede und Werg	158
Weizen und Spelz	1 525
Gerste	202
Anderes Getreide und Hülsenfrüchte	44
Obst, frisch und getrocknet	45
Gemüse und Pflanzen	1 749
Glas und Glaswaren	4 923
Häute, Felle, Leder und Pelzwerk	1 145
Harte Stämme (Nutz-, Bau- und Schiffsholz)	11
Fastage, Fässer, Kisten und Säcke	8 893
Holzwaren und Möbel	1 227
Instrumente und Maschinenteile	4 455
Bier	78
Branntwein	818
Wein	3 933
Fische und Heringe	3 520
Reis	28 264
Salz	15
Mehl und Mühlfabrikate	483
Kaffee und Kaffeesurrogate, Cacao	130
Zucker, Melasse, Syrupe	132
Rohtabak	454
Fette Öle und Fette	9 684
Petroleum und andere Mineralöle	948
Steine und Steinwaren	12 751
Steinkohlen	55
Theer, Pech, Harze aller Art, Asphalt	1 148
Wolle, roh	4
Thonware, Steingut und Porzellan	1 282
Andere sonstige Güter	34 710
Totale	302 369

Über den Schiffsverkehr von Regensburg seit 1875 nach Mengen mit Angabe der häufigst vorkommenden Artikel, sowie über den Lagerverkehr seit 1886 gibt die nachstehende Tabelle Aufschluß.[1])

---
[1]) Danubius Nr. 27. 1894.

Vergleichung der Gesamt-Verkehre zu Berg und Thal vom Jahre 1875 bis 1893.

Jahr	Berg-Verkehr	Thal-Verkehr	Total-Verkehr
	Gewicht in Wagenladungen à 10000 Kilogr.		
1875	723	668	1.391
1876	1.153	698	1.851
1877	1.281	859	2.140
1878	1.514	964	2.478
1879	1.812	1.239	3.051
1880	1.910	1.925	3.835
1881	1.993	3.041	5.034
1882	2.943	3.155	6.098
1883	3.255	3.108	6.363
1884	3.089	2.575	5.664
1885	6.128	2.272	8.400
1886	4.850	2.432	7.282
1887	7.186	2.285	9.471
1888	15.490	2.051	17.541
1889	13.276	2.205	15.481
1890	21.812	3.117	24.929
1891	10.046	3.008	13.054
1892	8.321	3.445	11.766
1893	10.043	3.125	13.168

Die hauptsächlichsten zur Verschiffung gelangenden Artikel sind folgende:
a) **Bergverkehr.** Getreide aller Art, Mais, Reps, Hülsenfrüchte, Malz, Mehl und Mahlprodukte, Eichenstämme, Binderholz, Friesen, Bretter, Pflaumen, Schafwolle, Wein, Mineralwasser, Leimleder.
b) **Im Thalverkehr.** Eisen, bearbeitet, und Stahl, Eisen- und Stahlwaren, Zement, Düngemittel, Farberden, Fette, Öle, Manufaktur- und Kurzwaren, Maschinen, Metalle, Mineralwasser, Petroleum, Steingut, Reis, Steine, Wein.

Lagerbewegung.

Jahr	Eingelagert	Ausgelagert
	in Waggonladungen	
1886	620	657
1887	1266	1136
1888	2393	1893
1889	2500	2686
1890	4546	3977
1891	4366	3850
1892	3025	4076
1893	3506	2634

Die Umschlagsleistung kann auf 200 Waggonladungen per Tag gesteigert werden.

Der Schiffahrtsbetrieb erfolgt seit September 1891 ab und nach Regensburg fast nur durch die Kettendampfer (Toueure) „Kamp" und „Enns", und zwar bergwärts an der Kette, thalwärts durch Radkraft.

Genannte Toueure haben mit Kesselwasser und Kohle einen Tiefgang von 11 Decimeter und können unter den derzeitigen Verhältnissen bis zu einem Wasserstand von 10 Ctm. über Nullpunkt Regensburger Pegel zwischen hier und Ottach (119 Kilom. Entfernung und Ende der Kettenlage) verkehren.

Zwischen Ottach—Hofkirchen (3 Kilom.) und Hofkirchen—Passau (Kachletstrecke, 31 Kilom.) wird der Verkehr durch Radbampfer vermittelt.

Die ganze Donaustrecke von Regensburg bis Passau ist 153 Kilom. lang

Was den letztgenannten Platz anlangt, so haben nach der im Jahresberichte der Handels- und Gewerbekammer für Niederbayern (1892) veröffentlichten Statistik in Passau die Zollgrenze auf der Donau passiert: im Bergverkehr 1743 Schiffe mit einer Gesamtladung von 191 945 Tonnen, darunter 126 Personendampfer, 548 Schlepper und 1069 Güterschiffe und der Nationalität nach 214 deutsche und 1529 österreichische Schiffe; im Thalverkehr 1018 Schiffe mit 43 913 Tonnen Ladung, darunter 126 Personendampfer, 358 Schlepper, 469 Güterschiffe, 65 Segler und der Nationalität nach 290 deutsche und 728 österreichische Fahrzeuge. Unter den durchgeführten Gütern sind insbesondere zu nennen: im Bergverkehr 99 045 Tonnen Weizen und Spelz, 16 956 Tonnen Gerste, 7 932 Tonnen Roggen, 132 Tonnen Hafer, 28 319 Tonnen anderes Getreide und Hülsenfrüchte, 13 886 Tonnen hartes Nutz-, Bau- und Schiffsholz, 7 454 Tonnen Mehl und Mühlenfabrikate, 5 533 Tonnen Gemüse und Pflanzen, 2 156 Tonnen frisches und getrocknetes Obst, 1 825 Tonnen harte Schnittware, 1 413 Tonnen verarbeitetes Eisen, 1 042 Tonnen rohe Wolle; im Thalverkehr 10 797 Tonnen verarbeitetes Eisen, 4 579 Tonnen Steine und Steinwaaren, 3 379 Tonnen fette Öle und Fette, 2 731 Tonnen Reis, 2 273 Tonnen Theer, Pech, Harze, Asphalt, 1 222 Tonnen Erde, Lehm, Sand, Kies, Kreide. Angekommen sind in Passau donauwärts zu Berg 1428 Schiffe, darunter 185 deutsche und 1243 österreichische mit 93 794 Tonnen Ladung, zu Thal 197 Schiffe, darunter 41 deutsche und 155 österreichische mit 4723 Tonnen Ladung; abgegangen dagegen bergwärts 164 Schiffe, sämtlich österreichischer Flagge mit 581 Tonnen Ladung, talwärts 807 Schiffe und zwar 224 deutsche und 583 österreichische mit 9513 Tonnen Ladung. Unter den zugeschwommenen Gütern sind zu nennen im Bergverkehr 50 368 Tonnen Weizen und Spelz, 8 905 Tonnen Gerste, 50 052 Tonnen Roggen, 131 Tonnen Hafer, 21 890 Tonnen anderes Getreide und Hülsenfrüchte, 2 918 Tonnen Mehl und Mühlenfabrikate, im Thalverkehr 4918 Tonnen Steinkohle, unter den ab Passau verschifften Waren im Thalverkehr 4108 Tonnen Zement, Traß und Kalk, 2692 fette Oele und Fette. Am Inn sind in Passau angelangt 69 Schiffe, 67 deutsche und 2 österreichische mit 90 Tonnen Ladung, abgegangen 41 Schiffe deutscher Nationalität mit 10 Tonnen Ladung. Auf Flößen passirten Passau zu Thal vom Inn kommend 6490 Tonnen, von der Donau kommend 1911 Tonnen Holz.

Die Zunahme der zu Thal beförderten Güter auf der bayerischen Donau ist — wie der österreichische Statistiker Pizalla ausführt — der gesteigerten Einfuhr fremder Waren im Jahre 1890 zu danken und sind von diesem namentlich Eisen und Eisenwaaren, Brennholz, Pflastersteine (aus Einzing in Bayern), Leinöl und Blei mit größeren Mengen hervorzuheben. Diese Mehrtransporte fielen zumeist der Dampfschiffahrt zu.

Die große Abnahme in der Zufuhr von Innstationen betrifft Zement und Brennholz. Von ersterem sank die Menge von 155611 auf 124670, von letzterem von 34124 auf 10403 Meterzentner. Dagegen sind von der Salzach größere Mengen von Brenn= und Werkholz auf die Donau übergegangen. Aus den österreichisch=ungarischen, rumänischen, serbischen, bulgarischen u. s. w. Wasserstationen kamen nach Passau, Regensburg, Deggendorf und anderen bayerischen Umschlagsplätzen im Jahre 1891: 1602210 Meterzentner Getreide, 103720 Meterzentner Mahlprodukte, 167860 Meterzentner hartes Schnitt= und Nutzholz (inkl. Stämme), 10120 Meterzentner rohe Wolle, 7150 Meterzentner Wein.

Auch für den Transitverkehr, der von der Donau herauf aus Österreich nach dem Rhein= und Wesergebiet, ja selbst noch nach einem Teil des Elbegebietes durch den Ausbau unserer Main=Donauwasserstraße in Betracht kommen würde, kann die derzeitige Donauschiffahrt und die jetzige bayerische Eisenbahnverkehrsstatistik in ihren einzelnen Positionen kein richtiges Bild geben. Nahezu alle mit den rechtsrheinischen bayerischen Eisenbahnen konkurrierenden Verkehrsstraßen: der Arlbergbahn, den böhmischen Bahnen — diesen zum Teil im Anschluß an den bedeutenden und sehr mannigfaltigen österreichischen Elbeschiffahrtsverkehr — den an Mannheim anschließenden Bahnen und einigen preußischen und sächsischen Bahnlinien wird es durch den Ausbau eines bayerischen Wasserstraßennetzes auf der Basis der Main=Donauwasserstraße in einzelnen Relationen sehr erschwert, ihre zum großen Teil bereits verwirklichten Bestrebungen, das bayerische Land vom internationalen Verkehr möglichst auszuschließen, weiter zu realisieren. Und das bedeutet in den Augen aller Derjenigen, die nicht in der mittelalterlichen „Lokalwirtschaft" das volkswirtschaftliche Ideal des kommenden zwanzigsten Jahrhunderts erblicken, einen großen Gewinn für das bayerische Land.

Noch wichtiger als die Steigerung des bayerischen Transitverkehrs durch den Ausbau der bayerischen Main=Donauwasserstraße ist vom volks=

wirtschaftlichen Standpunkte die Frachtverbilligung im Wechselverkehr mit unseren Nachbarstaaten und die Erleichterung und Verbilligung des internen bayerischen Verkehrs, welch' letzterem ja der bestehende Ludwigskanal mit seinem Jahresverkehr von 97 927 Tonnen zur Zeit schon dient.[1])

Volkswirtschaftliche Bedenken gegen diese Verkehrsverbilligung dürften, wenn wir die einzelnen Industrie- und Handelszweige Revue passieren lassen, von dieser Seite im Verhältnis zu dem erwarteten Nutzen nur in ganz minimaler Weise erhoben werden.

Dagegen werden gegen die Erleichterung des Transit- und Wechselverkehrs mit dem Rheine und mit Oesterreich Bedenken von Vertretern der getreidebauenden bezw. -verkaufenden Landwirtschaft geltend gemacht. Hierüber werden wir uns späterhin noch verbreiten.

Die große Frachtverbilligung, welche die Mainkanalisierung und eine für Großschiffahrt ausgebaute Main-Donauwasserstraße — abgesehen von dem internen Verkehr, für dessen Erleichterung wohl auch die Landwirtschaft entschieden eintreten wird — mit sich bringt, kommt dem Wechselverkehr der meisten Industrie- und Handelszweige des rechtsrheinischen Bayern in hohem Maße zu gute. Einige Anhaltspunkte hiefür gibt uns die bayerische Verkehrsstatistik.[2])

Der Bierexport nach Nordwestdeutschland, sowie der überseeische wird von den bayerischen Donauhäfen und nach Schiffahrts-Anschluß Münchens an die Donau wohl auch nach anderen Richtungen die Wasserstraße teilweise benützen, der Import von Baumwolle, der z. Zt. per Eisenbahn von Bremen aus nach Bayern geht, wird bei einer direkten Rhein-Main-Donau-Dampfschiffahrt sicherlich dieses billigere Verkehrsmittel sich zu Nutzen machen; dazu kommt der Wechselverkehr in Zement, Chemikalien und Düngemitteln mit den rheinischen Gegenden, der Import von Roheisen und Eisenwaaren aller Art, insbesondere aus dem Saarrevier und Westfalen, der Export und Import von Erden (Kies, Mergel, Lehm, Thon) nach und von dem Rhein, der große Import von rohen Erzen aus Westfalen, der Verkehr in Glas und Glaswaren mit der Rheingegend und Belgien, in Häuten und Leder mit Hessen, der große Rund- und Nutzholzexport, der z. Z. teils nach Sachsen, hauptsächlich aber von Heilbronn und den Mainhäfen oder direkt zum Rheine geht.

---

[1]) Näheres über die Entwickelung des Verkehrs auf dem Ludwigs-Donau-Mainkanal s. Schanz: „Der Donau-Mainkanal und seine Schicksale". Bamberg 1894. Über die Geschichte dieses Kanals und die Tracenvorschläge s. auch meine Abhandlung „Die Idee eines Donau-Mainkanals von Karl d. Gr. bis auf Prinz Ludwig von Bayern". Nürnberg 1894.

[2]) Beilage X e „Versandt und Empfang des Verkehrsbezirkes Nr. 36 Königreich Bayern rechts des Rheins."

Der letztere ist zu bedeutend, als daß wir nicht dabei mit Unterbrechung unserer Aufzählung einen Augenblick verweilen dürften. Bekanntlich leidet die vielverzweigte bayerische Holzindustrie seit Jahren in ihrem Absatz nach dem niederrheinischen Markte durch die, trotz Spezialtarifen, immer noch hohen Eisenbahnfrachten. Das Holz ist in ähnlicher Weise wie das Getreide Welthandelsartikel geworden und mit den ungemein billigen Wasserfrachten kommt heute eine große Masse von Holz aus Rußland, Schweden-Norwegen, Amerika u. s. w. den Niederrhein herauf[1]) auf den großen dortigen Markt. Viele Petitionen aus Interessentenkreisen erstrebten bisher vergeblich die Erniedrigung der Holzfrachten, insbesondere die Herabsetzung der Fracht für Sägeholz, Ausnahmetarif 1a, 3 ₰ pro Tonnenkilometer auf den Ausnahmetarifsatz 1b für Langholz. Der letztere beträgt für gewöhnlich 2,7 ₰, im Verkehr mit den Mainumschlagshäfen (Ausnahmetarif 9) bis zu 2,2 ₰ pro Tonnenkilometer. Der Brettertarif ist nur für den Export nach den Niederlanden, Frankreich, Schweiz und Italien von 3 ₰ auf 2,4 ₰ ermäßigt, allein es ist diese Vergünstigung ziemlich bedeutungslos geworden, weil der Export der bayerischen Holzindustrie ins Ausland durch die Zollpolitik und durch die Konkurrenz der oben genannten Länder, sowie Österreich-Ungarns via maro von Fiume oder via Arlbergbahn den bayerischen Export ins Ausland ganz bedeutend zurückgedrängt hat. Das Absatzgebiet, das der bayerischen Holzindustrie bei größter Gefahr, vollständig verdrängt zu werden, noch bleibt, ist hauptsächlich das rheinische.

Die niederrheinische Sägeindustrie, welche nicht bloß vom Ausland, sondern auch aus Bayern selbst, vermöge der Ausnahmetarife 1b und 9, das Rohmaterial billig geliefert erhält, entzieht der bayerischen Industrie nicht bloß das Rohmaterial, sondern auch die Abnehmer.

Zur Zeit gehen noch 107000 Tonnen Rundholz und über 100000 Tonnen Nutz- und Wertholz (inkl. Holzdraht) aus dem rechtsrheinischen Bayern per Eisenbahn nach dem Neckar und nach Mannheim an den Rhein, über 101000 Tonnen von Nutz- und Wertholz gehen direkt per Eisenbahn nach Hessen, Rheinland und Westfalen, dazu kommen noch ca. 100000 Tonnen Rundholz und Nutzholz, welche direkt nach dem Norden, nach Sachsen in Thüringen aus Bayern exportiert werden, von Brennholz, Eisenbahnschwellen, Holzzeugmasse ganz abgesehen. Das ist also ein Artikel, welcher für eine aus den Donauhäfen nach dem Norden und Nordwesten führende Großschiffahrtswasserstraße von der denkbar größten Wichtigkeit ist.

Wenn man verfolgt, wie mit jahrelanger Zähigkeit von den Interessenten auf eine kleine Eisenbahntarifherabsetzung hingearbeitet wird — von 3 ₰ auf 2,7 ₰ pro Tonnenkilometer —, so kann man sich vorstellen, welche Bedeutung

---

[1]) Die bayerische Holzindustrie ist in einer ganz ähnlichen Lage, wie die bayerische Landwirtschaft; allein die erstere ist mit Recht in ihren Tarifbestrebungen aggressiv und gibt den Kampf mit dem Ausland nicht so leicht auf.

für diese Kreise ein allgemeiner bayerischer Großschiffahrtsfrachtsatz von 0,8 bis 1,5 ₰ (inkl. Gebühren) pro Tonnenkilometer haben dürfte. Nahezu jede größere Gemeinde in Bayern ist von diesem Gesichtspunkte aus an der Wasserstraßenfrage interessiert, denn wenn sie nicht selbst Waldbesitzerin ist und sonst gar keine Industrie hat, so hat sie doch in der Regel wenigstens etwas Holzindustrie in ihrem Bezirke. Die bayerische Holzbranche beschäftigt in 3860 Betrieben 41760 Arbeiter mit einem Gesamtverdienste von 15,8 Millionen Mark! Das dürfte doch vielen, die bisher kein ersichtliches Interesse an der bayerischen Wasserstraßenfrage finden konnten, zu denken geben.

Bedeutend ist auch der Import und Export von Hopfen in Bayern und die Richtung, nach welcher der Export hauptsächlich geht, Norden und Nordwesten, bes. Rheinland, Holland und Belgien, deckt sich mit der unserer Wasserstraße. Daß wir zur Zeit fast unseren ganzen Bedarf von Kaffee, nämlich ca. 5000 Tonnen von Württemberg her, insbesondere von Heilbronn, statt von unseren Mainhäfen, von Nürnberg u. s. w. beziehen, sei nebenbei auch bemerkt. Wir erwähnen ferner den Export von Kalk bes. nach dem Rhein und Sachsen (ca. 17000 Tonnen), den beträchtlichen Export von Kartoffeln aus Bayern, bes. nach Hessen, der Rheinprovinz, Westfalen und Thüringen; den Export von Obst und Gemüse, den Bezug von Ölen, Fetten, Talg, insbes. vom Rheine. Die Steinindustrie in Bayern exportiert ein beträchtliches Quantum nach den Nachbarstaaten, wovon der Export insbes. nach Hessen, Sachsen, Thüringen und Berlin, sowie der nach Österreich für unsere Wasserstraße von Bedeutung ist.

Der Versandt von Torf aus Bayern ist auch nicht ganz unbeträchtlich. Wein wird von Hessen, vom Rheinland und der Pfalz viel bezogen, aber auch viel dahin verschickt, desgleichen kommt ein ziemliches Quantum aus dem Auslande, insbesondere via mare und Mannheim aus Italien zu uns.[1]

Indem wir viele weniger ausgiebige Warengattungen übergehen, wollen wir nur noch einen wichtigen Artikel in Betracht ziehen, nämlich Steinkohlen, während wir auf den Verkehr mit Getreide alsbald bei der Darlegung der Interessen, welche die Landwirtschaft in Bayern an den Wasserstraßen hat, zu sprechen kommen werden. Die äußerst dürftige bayerische Steinkohlenproduktion erklärt uns den außerordentlich großen Kohlenimport, auf welchen Bayern angewiesen ist. Bayern bezog im Jahre 1891 185 000 Tonnen Steinkohlen von dem hessischen Rheinhafen, 119 000 Tonnen aus dem

---

[1] So zahlt z. B. eine oberfränkische Weinhandlung an Frachten für Bezug von Weinen vom Rhein her — darunter auch ausländische — jährlich 5—6000 ℳ. Die Schiffsfracht von Bisceglie in Apulien bis Mannheim kostet nicht mehr als die Eisenbahnfracht Mannheim-Bamberg. In Unterfranken sind ca. 400 größere Weinhandlungen, die zumeist im Mainthal domiziliert sind.

Saarrevier, 63 000 Tonnen aus der Rheinprovinz, 270 000 Tonnen aus Westfalen, dazu noch 250 000 Tonnen aus Sachsen und 390 000 Tonnen aus Böhmen. Die Eisenbahnverwaltung selbst bezog 121 000 Tonnen böhmische Braunkohlen, 131 000 Tonnen böhmische Steinkohle und 206 000 Tonnen Ruhr=Steinkohle, dazu noch einige kleinere Quantitäten aus anderen Gegenden. Die Fracht, welche der Eisenbahnärar für seinen eigenen Steinkohlenbezug (excl. Braunkohle) in dem einen Jahre zu bezahlen hatte, betrug rund 950 000 ℳ. Man sieht, daß auch der Eisenbahnärar an dem Bezug billiger Ruhrkohle auf der Wasserstraße sehr interessiert ist. Selbst die k. b. Bodensee=dampfschiffahrtsverwaltung verbrauchte noch für 72 000 ℳ (excl. Frachtkosten) = 3184 Tonnen Ruhrkohle (gegen 989 Tonnen böhmische Kohle).

Was es im allgemeinen für die bayerische Industrie bedeutet, wenn dieselbe im direkten Verkehr mit Rheinland=Westfalen, auf großen Schiffen ohne Umschlag ihren Bedarf an Ruhrkohle unter wesentlicher Verbilligung der Fracht decken kann, läßt sich denken.

Unsere Industrien sind in vielen Branchen auf die billigen Frachten der Großschiffahrt, welche durch Eisenbahntarifkonzession kaum jemals erreicht werden können, so sehr angewiesen, daß sie in absehbarer Zeit sich verziehen würden, wenn diese Verkehrserleichterung und =Verbilligung ausbleiben würde.

Wir haben in Bayern verhältnismäßig wenig Industrie und insbesondere sehr wenig Großindustrie. Was wir aber an Industrie haben, ist zum weitaus größten Teile entweder selbst Schwergüterindustrie, wie die bedeutendste bayerische Industrie, die Sägeholzindustrie, oder auf den Bezug von schweren Roh- und Hilfsmaterialien angewiesen.

Um dies zu verdeutlichen, haben wir uns nachfolgende Zusammenstellung der bayerischen industriellen Betriebe aus dem von der kgl. Generaldirektion herausgegebenen Verzeichnis der für den Güterverkehr wichtigen industriellen Betriebe in Bayern gemacht.

Wir haben darnach in Bayern 18 Basaltwerke, 34 Baumwollspinnereien, 2 Leinenspinnereien, 8 Wollspinnereien, 4 Asphaltfabriken, 9 Beleuchtungs=kohlen- und 5 Holzkohlenfabriken, 21 Blech= und Emailwarenfabriken, 28 Blatt=metallfabriken, 19 Bleistiftfabriken, 124 Branntwein= und Spritbrennereien nebst 24 Essigfabriken, 33 Brokat= und Bronzefarbenfabriken, 2 Bronzewaren=fabriken, 32 Zementfabriken, 15 Zementwarenfabriken, 9 chemische Fabriken, 7 Eisenbergwerke, 3 elektrotechnische Fabriken, 24 Erdfarbengruben und 5 Lackfabriken, 185 Exportbierbrauereien, 14 Farben= und Farbwarenfabriken und 3 Ultramarinfabriken, 10 Filz= und Wollfilzfabriken, 59 Gerbereien und Schuhwarenfabriken, 250 Betriebe der Glas= und Spiegelindustrie, 85 Granit=steinbrüche und Granitwarenfabriken, 2 Graphitgruben, 2 Gummiwarenfabriken, 47 Gipswerke, 6 Hefenfabriken, 3 Herbfabriken, 50 Kalkbrennereien und

-Werke, 4 Samenkleutanstalten, 16 Knochenmühlen und 2 Thomasschlackenfabriken, 11 Kreidefabriken, 4 Kunstwollefabriken, 13 Leimfabriken, 30 Litografiesteinbrüche, 24 Lohmühlen, 93 Malzfabriken, 5 Marmorwerke, 11 Mühl= und Schleifsteinfabriken, 9 Ölfabriken, 5 Thonofenfabriken, 19 Pechfabriken, 2 Dachpappenfabriken, 6 Pulver= und 1 Sprengstofffabrik, 8 Quarzwerke, 2 Stärkefabriken, 5 Roßhaarspinnereien, 4 Salinen= und Salzbergwerke, 30 Seifenfabriken, 26 Spathwerke, 157 größere gewöhnliche Steinbrüche, 5 Steinkohlen= und 2 Braunkohlenbergwerke, 21 Schieferfabriken, 8 Steinschleifereien, 37 Thonbergwerke, 30 Thon= und Töpferwarenfabriken, 19 Torfwerke, 47 Webereien, 90 Betriebe der Papierindustrie, 228 Eisen=, Eisenwaren=, Maschinen=, Draht= und Metallwarenfabriken.

Dazu kommt noch die außerordentlich weit verzweigte Ziegelindustrie, die ebenso bedeutende Mühlenindustrie, dann die gesamte Holzindustrie, deren große Bedeutung in Bayern bekannt ist. Auch die Hebung des Schiffergewerbes selbst wirkt auf eine Reihe von Industrien belebend, z. B. auf den Schiffsbau, auch Seilerei u. s. w., und daß die Ausgaben für den Ausbau der Wasserstraßen selbst zum größten Teile im Lande bleiben, ist selbstverständlich.

Von der größten Bedeutung ist die billige Frachtgelegenheit der Schiffahrt natürlich für die Gruben= und Bergbauprodukte. Hier kann die Schiffahrt ihre verkehrlösende Kraft bei uns in Bayern noch sehr bethätigen. Über die nutzbaren Mineralien des bayerischen Donaugebietes sagt Götz in seinem Buche über das Donaugebiet:

„Es ist die Zahl der produktiven größeren Unternehmungen im Verhältnis zur Ausdehnung der an nutzbaren Mineralien sonst so reichen Formationen gering, wohl auch teilweise wegen der geringen Dichtigkeit und langsamen Vermehrung der Bevölkerung. Gewiß aber könnte in einigen Artikeln Ausbeute und Verschleiß ausgiebiger werden, wenn die Benützung der Flüsse die gebührende Ausdehnung hätte. Dies gilt besonders für Steine, Kalk, Gips und etwa auch Salz."

In der bayerischen Maingegend[1]) sind für die Mainkanalisierung wegen der Wahrscheinlichkeit erhöhter Ausbeutung folgende Mineralien und Gesteine von Wichtigkeit:

Weißer Sandstein von Burgpreppach, Mühlsandstein von Ebelsbach, Thon aus dem Lanterthale, Grüner Sandstein von Zeil, Kastell und dem Schwanberge, Lettenkohlensandstein von Kronungen, Buchbrunn, Abtswind und Schleerieth, sowie dem Faulenberge bei Würzburg, Gips vom Rande der

---

[1]) Die nachfolgende Zusammenstellung verdanke ich der Güte des Herrn Dr. v. Sandberger, Prof. der Mineralogie und Geologie in Würzburg, welchen ich um seine Meinung befragte, für welche Mineralien der Maingegend eine wesentliche Hebung und Verbilligung des Mainverkehrs die Bedeutung einer vermehrten Ausbeute haben könnte.

Haßberge und des Steigerwalds, Iphofen ꝛc., Oberer Muschelkalk (Trigonobus=
kalk) von Marktbreit bis Heidingsfeld, Ockerfarben von Schweinfurt,
Schonungen und Kitzingen; dann von Karlstadt an Buntsandstein bis
Aschaffenburg; Schwarzer Kalk (Zementmaterial) von Sailauf und Schwein=
heim, Zementmaterial von Karlstadt und dem Wernthale, Braunstein von
Sailauf, Eisensteine von Soden und Laufach (bei Aschaffenburg) und dem
Kahlthale, feuerfeste Quarzitsandsteine von Alzenau bis Schimborn, Schwer=
spath von Silberhof (bei Brückenau), Frammersbach, Straßbessenbach, Vorm=
wald, Kupfererze von Sommerkahl und Umgegend, Basalt aus der Gegend
von Hammelburg und Aschaffenburg, Dolerit von Kahl a. M. (Pflastersteine).

Der Bergbau in den bayerischen Alpen, die bayerische Torfproduktion, die
Produktion des für die Bauthätigkeit und Düngung so wichtigen Gipses, die zahl=
reichen Lehmgruben und Ziegeleien, die Kaolin= und Thonerdengruben, die
Asphalt=, Zement= und Steinplattenindustrie — das sind wichtige Produktions=
zweige des bayerischen Donaugebietes, welche, behufs Erweiterung ihres Absatz=
gebietes, an dem Ausbau der bayer. Wasserstraßen das größte Interesse haben.

Dazu kommt in der Oberpfalz und in Oberfranken Bergbau und Gruben=
industrie, Schiefer=, Zement= und Basaltindustrie, in Mittelfranken die be=
deutende Steinplattenindustrie und in Unterfranken vor allem die bedeutende
Produktion von Thonerde, Sandstein, Gips, Kalk und Zement.

Wie die Großschiffahrt auf solche schwere Bodenprodukte geradezu er=
schließend wirkt, das zeigt so recht deutlich die Einwirkung der Untermain=
kanalisation auf die Eisen= und Kupfererzgruben im Kahlgrunde. Durch die
Kanalisation wurde der Vertrieb der Produktion nach dem Niederrhein um
20 ℳ pro Tonne verbilligt und die Produktion seit der Mainkanalisation
ganz bedeutend gesteigert.

Eine detaillierte Schilderung der Wirkung der Mainkanalisation und
des Ausbaues der Main=Donauwasserstraße auf die einzelnen Fabrikbetriebe
würde uns zu weit führen. Nur einiges wollen wir um — dem Ziele unserer
ganzen Darstellung gemäß — zu weiteren Untersuchungen anzuregen, noch
herausgreifen

In Mainfranken [1]) hat die Betriebsamkeit eine Belebung dringend not=
wendig, wenn der Bevölkerungsrückgang nicht noch mehr zunehmen soll.

In der Oberpfalz wie auch in Niederbayern wird der Ausbau der
bayerischen Wasserstraßen vor allem auf eine bessere Ausbeute der dortigen nutz=
baren Mineralien wirken und die dortige Glasindustrie schon wegen des Druckes,
den der gesteigerte Bezug von Ruhrkohle auf den Preis der dort eingeführten
böhmischen Kohlen ausübt und wegen des erleichterten Absatzes der Produkte

---

[1]) Einzelheiten über ev. Schiffsbezug und Absatz der mainfränk Volkswirtschaft,
wozu auch die des badischen Anteils an Franken gehört, s. Wörner: „Die Weiterführung
der Mainkanalisation bis Aschaffenburg", 1894, dann Zöpfl: „Die volkswirtschaftliche Be=
deutung der Mainkettenschleppschiffahrt von Aschaffenburg bis Bamberg", Würzburg 1892.

vor dem Schicksal des Untergangs bewahren, das die Glas- und Eisenhütten-industrie des Spessart und die Glasindustrie des Steigerwald bereits seit Jahren erreicht hat.

Wie es um die oberpfälzische Glasindustrie z. B. steht, wolle aus nachfolgender Darstellung des letzten oberpfälzischen Handelskammerberichtes entnommen werden:

„Der begonnene Kampf mit den Gußglasfabriken dürfte den Niedergang der bayerischen Glasindustrie beschleunigen; denn während jene durch die günstige Lage ihrer Fabriken in den Kohlenrevieren billigen Brennstoff haben, ist derselbe für die bayerischen Hütten nur mit großen Kosten und Frachten aus dem böhmischen Kohlengebiete zu beziehen, und es gestattet die hierdurch ungemein verteuerte Produktion keine Reduktion der Preise des Rohglases und hierdurch keine Konkurrenz mit den Gußglasfabriken. Schritte, die bisher eingeleitet wurden, um eine Frachtermäßigung für Kohle zu erlangen, scheiterten an den Konsequenzen [1]), welche höheren Orts aus einer solchen Begünstigung eines Massenbedarfsartikels entgegengesetzt werden, und die Industrie findet trotz ihrer traurigen Lage keine Unterstützung, weshalb auch weitere Wünsche und Anträge besser unterbleiben, und so geht der Hauptindustriezweig der Oberpfalz seinem Untergange entgegen."

In ähnlicher Weise äußert sich jener Bericht über einen anderen oberpfälzischen Industriezweig, über die Steingut- und Porzellan-Fabrikation; da heißt es:

„Was den Export selbst betrifft, so kann für denselben auch dann bloß gearbeitet werden, wenn die Preise auf ein Niveau gesetzt werden, welches an die Grenze der Eigenkosten streift. Bei diesem Exportgeschäfte sind besonders diejenigen Fabrikanten im Nachteil, welche durch ihre große Entfernung von den Seehäfen schon von vorneherein eine größere Frachtauslage von zirka 10—15 Prozent haben, so daß sie mit denjenigen Fabriken, welche an den schiffbaren Flüssen Rhein, Weser, Elbe 2c., oder überhaupt näher an den Seehäfen liegen, nicht oder kaum zu konkurrieren vermögen."

Bezüglich der Granitindustrie wird in dem letzten Jahresbericht der niederbayerischen Handelskammer Klage geführt, daß der auswärtige Markt sich immer mehr einenge, weil mit den billigen Wasserfrachten anderer Gegenden nicht konkurriert werden könne.

Daß aus dem nämlichen Grunde die bayerische Holzindustrie einem bedenklichen Niedergange entgegengeht, ist eine schon erwähnte Thatsache.

Mittelfranken wird bei weiterer Vernachlässigung der bayerischen Wasserstraßen und insbesondere, wenn die großen Kanalprojekte im Südwesten und Böhmen ausgeführt werden, ganz abseits liegen vom großen Weltverkehr,

---

[1]) Die Konsequenz, die sich aus diesen Konsequenzen ergibt, ist die Forderung nach einer Ergänzung des Eisenbahnnetzes durch das Wasserstraßennetz.

und das wird sich an seiner Industrie vor allem rächen; es steht mit ziemlicher Bestimmtheit zu erwarten, daß mit der Zeit vor allem die Etablissements der Großindustrie sich nach dem Rhein, nach Berlin ꝛc. verziehen werden.

Die Stadt Nürnberg[1]) (ohne Fürth) zählt zur Zeit 360 Fabrikbetriebe mit rund 23000 Arbeitern, von diesen Fabrikbetrieben gehören allerdings nur 6 zur Zahl der Großbetriebe mit über 300 Arbeitern, 58 zur Zahl der mittleren Betriebe mit 50 bis 300 Arbeitern und 266 zur Zahl der Kleinbetriebe mit weniger als 50 Arbeitern.

Wie sehr die Frachtverbilligung für die Nürnberger Industrie von Bedeutung ist, ergibt sich aus folgender Darstellung der Arten der Nürnberger Industrie:

Industrie der Steine und Erden: 12 Betriebe mit 300 Arbeiten,

Metallverarbeitung: 105 Betriebe mit 5300 Arbeitern,

Maschinen
Werkzeuge
Instrumente   27 Betriebe mit 5200 Arbeitern,
Apparate

Chemische Industrie: 8 Betriebe mit   700 Arbeitern,
Heiz- und Leuchtstoffe: 9   „   „ 200   „
Textilindustrie: 2   „   „   90   „
Papier und Leder: 24   „   „ 660   „
Holz- und Schnittstoffe: 76   „   „ 4100   „
Nahrungs- und Genußmittel: 57 Betriebe mit 1350 Arbeitern,
Bekleidung und Reinigung: 12   „   „ 300   „
Polygraphische Gewerbe: 28   „   „ 1800   „

Nürnberg hat aber auch einen beträchtlichen Großhandel, u. a. zirka 300 Hopfenhandlungen, deren Bezug und Absatz sich nicht bloß auf Bayern, sondern auf alle Weltgegenden erstreckt.

Dazu kommt vor allem der den Absatz der Industrie-Erzeugnisse vermittelnde Handel. Der importierende Großhandel leidet in Nürnberg wie in allen bayerischen Städten unter der Konkurrenz der Schiffahrtszentren Mannheim, Frankfurt, Heilbronn, Straßburg ꝛc.

Auch der Nutzen der übrigen Städte der Main-Donauwasserstraße von Aschaffenburg bis Passau liegt auf der Hand. Nicht minder würde Augsburg durch den Ausbau der Main-Donauwasserstraße, woran sich sicher eine Belebung der oberen Donauschiffahrt und vielleicht ein Zweigkanal nach Augsburg anschließen würde, gewinnen. Wie weit nach Süden die Einwirkung der Donauschiffahrt reicht, möge man daraus entnehmen, daß der

---

[1]) „Nürnberg, Festschrift, dargeboten den Mitgliedern und Teilnehmern der 65. Versammlung der Gesellschaft deutscher Naturforscher und Aerzte." 1893.

Handelsverein Lindau in dem letzten Jahresbericht der schwäbischen Handelskammer von der Regulierung des Eisernen Thores bei Orsowa eine wesentliche Förderung des Lindauer Handels und Verkehrs erwartet.

München wird natürlich erst dann den vollen Vorteil von dem Ausbau der Main-Donau-Wasserstraße haben, wenn es das schon vor 100 Jahren viel erörterte Projekt eines Kanals zur Donau wieder aufnimmt. „München[1]) bildet heute den Mittelpunkt eines Zirkels, dessen Peripherie Berlin, Ofen-Pest, Florenz und Lyon bezeichnen. Unmittelbar an der direkten Straße zwischen Deutschland und Italien gelegen, ist München dem Handel mit Südeuropa ein ebenso günstiger Ausgangspunkt als für kommerzielle Bestrebungen gegen Wien und die unteren Donauländer hin." Es ist einleuchtend, daß diese verkehrspolitische Mission Münchens eine bedeutsame Basis erhalten würde, wenn München in ähnlicher Weise wie Straßburg im Westen der am Weitesten nach Süden vorgeschobene Stapelplatz des deutschen Großschiffahrtsnetzes wäre.

Aber selbst wenn München nicht direkt interessiert wäre, so steht zu erwarten, daß die Hauptstadt des bayerischen Staatswesens sich an die Spitze derjenigen stellen wird, welche den Verkehr und die Betriebsamkeit der „Provinz" durch den Ausbau des bayerischen Wasserstraßennetzes beleben wollen. Nimmt ja doch auch das ganze bayerische Volk stets regen Anteil, wenn der Mutterstadt München, sei es durch Schenkung einer Gemäldegalerie, Bau eines neuen Nationalmuseums oder sonstwie Heil widerfährt. Das Münchener Bier sowie das dortige Kunstgewerbe finden freilich auch ohne Wasserstraßen ihr Absatzgebiet, aber nicht alle Gegenden in Bayern sind in der angenehmen Lage, in den Hauptgewerben nahezu hors de concours zu sein. Diese „übrigen" Gegenden Bayerns sind aber der weitaus größte Theil der ganzen bayerischen Monarchie.

Hoffen wir, daß im bayerischen Landtage alle diese Gegenden, welche an den Wasserstraßen interessiert sind, solidarisch zusammenhalten, wie das auch in Preußen bis in die jüngste Zeit der Fall war! Wenn dort für den Ausbau einer Wasserstraße immer nur diejenigen gestimmt hätten, welche direkt daran interessiert waren, so wäre das dortige Wasserstraßennetz niemals zu Stande gekommen!

In ähnlicher Weise wie mit den lokalen Interessen verhält es sich mit den wirtschaftlichen Standesinteressen. In unserer Zeit, da zahlreiche Demagogen dafür und davon leben, die wirtschaftlichen Stände gegen einander aufzuhetzen, ist es ziemlich wirkungslos, an den Gemeinsinn allein zu appellieren. Man muß die Interessen klar legen und gegebenenfalls kompensieren können.

---

[1]) Gruber: „Die Isar nach ihrer Entwicklung und ihren hydrologischen Verhältnissen."

Von diesem Gesichtspunkte aus wollen wir nunmehr die Interessen der Landwirtschaft in der Wasserstraßenfrage betrachten!

Es ist hiebei auseinander zu halten die Bedeutung der Wasserstraßen für die Bodenbeschaffenheit (Landesmelioration) und die Bedeutung derselben für den Verkehr mit Rücksicht auf die Landwirtschaft (Handelspolitik).

In ersterer Beziehung ist von größter Bedeutung die Schaffung eines bayerischen Großschiffahrtsnetzes mittelst Flußkanalisierungen und Kanälen, die in innigster Beziehung steht mit der Inaugurierung einer auf Retention begründeten rationellen Wasserwirtschaft höheren Stils in Bayern.

Von Alters her war eine solche Wasserwirtschaft ein Zeichen hoher Kultur; die alten Kulturvölker in Asien und Afrika, die Mauren in Spanien, hatten auf heute fast unfruchtbaren und entvölkerten Länderstrecken eine große Bevölkerung. Große Städte, die sich eines bedeutenden Wohlstandes erfreuten, gab es damals zu Dutzenden in Ländern, wo wir heute nur elende Dörfer finden. Das war nur möglich durch die vortreffliche Wasserwirtschaft. So zu sagen jeder Tropfen wurde aufgefangen und durch die kunstvollen Bauten und Kanäle über das Land verteilt, zur Bewässerung benutzt und wieder gesammelt, um wieder von Neuem verteilt zu werden. Nur so war es möglich, in jenen heißen Gegenden die Unmasse von Menschen zu ernähren und ihnen eine angenehme Existenz, ein relativ feuchtes Klima zu schaffen.

China und Japan sind noch heute mit einem Netze von Schiffahrts- und Bewässerungskanälen überzogen und sind in der Lage, sich selbst zu genügen, während man bei uns sagen muß, die deutschen Landwirte seien nicht in der Lage, die Bevölkerung Deutschlands, deren Dichtigkeit gegen die Japans um 10, gegen die des eigentlichen China um 20 Bewohner pro Quadrat-Kilometer geringer ist, ohne massenhafte Zufuhren aus Amerika und Rußland zu ernähren.

In England wurden während der größten Kanalbauten im vorigen Jahrhundert unter Georg III. 2 Millionen Acres öde Gründe kultiviert und die Masse der Agrikultur-Erzeugnisse damals verdreifacht.

Professor Molina hat auf der 26. Versammlung deutscher Land- und Forstwirte zu Wien dargelegt, daß in

Piemont von 3 327 656 Hektar Kulturland 196 000 Hektar
in der Lombardei „ 1 680 948 „ „ 550 000 „
Venedig „ 2 283 088 „ „ 80 459 „

bewässert sind, daß also das Venetianische trotz seiner uralten Schutzkonsortien an den Ufern der Wasserläufe, die sich über 616 517 Hektar erstrecken, und obgleich seine auf große Strecken der Ebbe und Flut unterliegenden Flüsse an Zahl und Wasserreichtum diejenigen der Lombardei weit überragen, nur $1/7$ so viel Land als diese bewässert. Die Statistik erklärt dies, indem sie nachweist, daß Venedig ein viel kleineres Kanalnetz als die Lombardei besitzt, und daß von dem Kulturlande Piemonts nur 86 000 Hektar direkt aus Flüssen und Quellen, 110 000 Hektar dagegen aus Schiffahrts-Kanälen bewässert werden.

In Norddeutschland ist auf dem Gebiete der Retention begründeten Wasserwirtschaft schon manches geschehen, aber noch vieles zu thun. In einer der neueren Sitzungen des kgl. preuß. Landes-Ökonomie-Kollegiums sagte Dünkelberg, ein Fachschriftsteller auf dem Gebiete der Landesmelioration:

„Wenn man bedenkt, daß in den alten Provinzen Preußens, von deren „Kulturfläche (Äcker, Gärten, Wiesen und Weiden) 13,7 Prozent Wiese sind, „diese 18,5 Prozent des Ackerlandes betragen, während in den neuen „Provinzen die respektiven Zahlen 14,27 und 26,75 Prozent sind, daß ferner „der durchschnittliche Reinertrag der Wiesen in den alten Provinzen 17.46 ℳ „pro Hektar, derjenige des Ackerlandes 17.23 ℳ pro Hektar und in den „neuen Provinzen 21.89 ℳ pro Hektar bezw. 22.99 ℳ pro Hektar beträgt, „so folgt daraus einmal, daß der bedeutsame Prozentsatz des Wiesenlandes „der alten und neuen Provinzen im Wesentlichen gleich steht, wenn er auch „in dem Verhältnis zu dem Ackerlande in den neuen Provinzen um 8,25 „Prozent überwiegt, und zweitens, daß das Verhältnis des Reinertrages der „Wiesen in den alten Provinzen nahehin mit demjenigen des Ackerlandes „zusammenfällt, während der Reinertrag der Wiesen in den neuen Provinzen „4,43 Prozent höher steht und denjenigen des Ackerlandes nahezu erreicht. „Die Möglichkeit einer bedeutsamen Steigerung des Reinertrages der Wiesen „in der ganzen Monarchie ist in der Thatsache begründet, daß die Kulturart „der Wiese die Ausnützung eines zweiten mächtigen Produktions-„faktors — des fließenden Wassers — ermöglicht, der in den „nördlicheren Breiten für das Ackerland nicht verwendbar ist, und daß in „dem ungenutzten Wasser Millionen an Düngerwert jährlich „verloren gehn, der im Interesse des Ackerbaues und der „Viehzucht gewonnen werden könnte, wenn anders ein besseres „technisches Verständnis der hierzu erforderlichen Maßnahmen allgemeiner „verbreitet wäre. Es ist nicht allein oder vorwiegend der Boden, auf welchen „zahlreiche und bedeutende Meliorationen gegründet werden können, sondern „es thut auch eine bessere Ausnutzung des fließenden Wassers Not, denn „dadurch könnte die in neuerer Zeit so reichlich gewordene Viehzucht und „Meiereiwirtschaft unzweifelhaft viel sicherer und energischer gefördert werden, „sofern der Wiesenkultur größere Beachtung und gründlichere technische Kennt-„nisnahme gewidmet würden."

Auch der internationale land- und forstwirtschaftliche Kongreß in Wien (1890) behandelte die Frage: „Über die Regulierung event. Schiffbarmachung der Flußläufe und Anlage von Schiff-fahrtskanälen mit Rücksicht auf die Interessen der Landwirtschaft"¹) und faßte hinsichtlich der Kanäle und Flußkanalisierungen folgende Resolution:

„Bei der Kanalisierung von Flüssen und bei Anlage von Schiffahrtskanälen ist, soweit ohne Schädigung des Hauptzweckes, nämlich der Herstellung einer bequemen und leistungsfähigen Schiffahrtsstraße, geschehen kann, auf die Melioration der neben dem Fluß gelegenen und der durch die Kanäle durchschnittenen Grundstücke so viel als möglich Rücksicht zu nehmen, wobei jedoch stets sorgfältig zu erwägen kommt, ob und in welchem Umfange man den speziellen landwirtschaftlichen Bedürfnissen gerecht werden kann.

Jedenfalls sollen bei Kanalisierungen die bestehenden, der Landwirtschaft schädlichen Abflußverhältnisse nach Möglichkeit insbesondere durch Herstellung des Flußschlauches von genügender Kapazität saniert werden, und ist bei Kanalanlagen auch Bedacht zu nehmen, daß hiedurch die Landeskultur nicht geschädigt und die Ermöglichung von Bodenbewässerungen, wo das Bedürfnis und die technischen Vorbedingungen hiezu vorhanden sind und die interessierten landwirtschaftlichen Kreise dafür auch thatkräftig eintreten, berücksichtigt werde.

Natürliche und künstliche Wasserstraßen sind ein gleichberechtigter Faktor im Transportgeschäfte der Gegenwart und wird der Schiffbarmachung der Flüsse und dem Baue neuer Kanäle für die Entwicklung der Industrie und der Landwirtschaft die gleiche Wichtigkeit und Notwendigkeit zuerkannt wie dem Baue der Eisenbahnen."

Außer dem internationalen landwirtschaftlichen Kongreß möge noch eine bayerische Autorität angeführt werden. Ökonomierat Claßen in Ansbach, Mitarbeiter an dem Goltzischen Handbuch der gesamten Landwirtschaft und ein bewährter Kenner der wahren Bedürfnisse der bayerischen Landwirtschaft legte kürzlich in einem dem bayerischen Landtage gewidmeten Aufsatze²) in klaren Worten dar, daß die letzte Mißernte bezw. Futternot in Bayern

---

¹) Aus dem Kongreßbericht; siehe auch die beiden Referate über diese Frage von Prof. A. Elwein-Wien und Landesbaurat Theodor Roseß-Brünn, Verlag der k. k. landwirtschaftl. Gesellschaft in Wien, Heft 1 und 11 der Kongreßreferate 1890. Außerdem die vier Referate vom Frankfurter Binnenschiffahrts-Kongreß „über Nutzen der Schiffbarmachung der Flüsse und der Anlage von Schiffahrtskanälen für die Landwirtschaft"; Frankfurt, Osterrieth 1888, ferner „Dünckelberg, die Schiffahrtskanäle in ihrer Bedeutung für die Landesmelioration" 1877 und die Schrift: „Diskussion über den Ausbau der Wasserstraßen in Österreich, stattgefunden im Klub der Land- und Forstwirtschaft in Wien", Wien, Frick 1891. „Denkschrift über ein System einer rationellen Wasserwirtschaft für das deutsche Reich" von Ephr. Rothschild; Stadtoldendorf (Selbstverlag).

²) Bayerischer Land- und Forstwirt, 1899 Nr. 10: „Unsere wirtschaftliche Notlage und ihre Behandlung im bayerischen Landtage", von Ökonomierat Claßen.

unmöglich gewesen wäre, wenn wir eine rationelle Wasserwirtschaft hätten, die auf dem Prinzip des Aufhaltens des Wassers, des Sammelns in Reservoirs, des Verhütens von Hochwassern aufzubauen ist. Durch bloße Korrektion der Gewässer werde der Wasserabfluß nur derart beschleunigt, daß wir es nie zu dauernd normalen Wasserständen bringen. Classen sagt wörtlich:

„Es ist und bleibt die erste Erfordernis, durch entsprechende Vorkehrungen im Gesamteinzugsgebiete der Gewässer den Wasserabfluß systematisch zu verzögern und erst wenn dies geschehen, mit der Korrektion unregelmäßiger Wasserläufe vorzugehen.

Die Gesetzesstellen genügen vollständig, um zum allgemeinen Segen für Stadt und Land dauernd normale Wasserstandsverhältnisse herzustellen und zu erhalten, insbesondere der Landwirtschaft, der Industrie und der Schiffahrt die ausgedehnteste Wasserbenützung ohne gegenseitige Beeinträchtigung zu ermöglichen und Notstandsjahre aus der Welt zu schaffen. .

Gewiß muß es mit dem aufrichtigsten Dank anerkannt werden, daß die hohe Staatsregierung mit allseitiger Zustimmung des Landtags entschlossen ist, mit den bisher zur Anwendung gekommenen Mitteln zur wirksamen Bekämpfung des Notstandes fortzufahren. Allein ebenso berechtigt ist das an den gesetzgebenden Körper zu stellende Ansuchen, späteren nicht ausbleibenden Katastrophen mit aller Energie vorzubeugen, denn oft dürfen sich solche nicht wiederholen, weil sonst das Können und Wollen erlahmen und die gesamte Volkswohlfahrt im höchsten Grade gefährdet würde."

Es handelt sich also bei der Landesmelioration durch eine rationelle Wasserwirtschaft nicht sowohl darum, durch Korrektion der größeren Flüsse den Abfluß der auf ein Land treffenden Niederschlagsmenge zu befördern, als vielmehr um möglichst ökonomische und systematische Verwertung derselben im Interesse der Landwirtschaft, der Industrie und der Schiffahrt. In diesem Ziele sind also die Interessen der Landwirtschaft und die des Verkehrs in vollster Harmonie.

Es ist richtig, wie der geh. Oberregierungsrat Thiel beim Frankfurter Binnenschiffahrtskongreß hervorgehoben hat, daß die Landwirtschaft unter Umständen weder Be- noch Entwässerung braucht und daß auch bei Kanälen und kanalisierten Flüssen Schädigung des anliegenden Terrains eintreten kann, wenn die Tracen zu tief eingeschnitten sind und zu viel Wasser an sich ziehen oder wenn der Wasserspiegel zu hoch aufgestaut ist aber es ist auch richtig, daß doch in den weitaus meisten Fällen ein Kanal-, system segensreich auf die produktive Kraft des Bodens gewirkt hat. Man blicke nur auf Frankreich und England, Holland, auch China, Japan und andere Länder.

Eine wichtige, insbesondere von Rosen¹) auf dem Wiener landwirtschaftlichen Kongreß eingehend behandelte Frage ist die, wie weit die Entziehung von Wasser aus einem Schiffahrtskanal zu Berieselungszwecken gehen darf, ohne daß die hiedurch in dem Kanal erzeugte Strömung auf den Kanal-Verkehr störend wirkt. Wichtig ist ferner, daß wir durch die modernen Hebewerke mit Trogschleußen bei den Kanälen viel Wasser ersparen können, das dann aus dem Kanal Meliorationszwecken zugewendet werden kann. Hierauf hat schon Thiel beim Frankfurter Kongreß aufmerksam gemacht.

Was nun unsere bayerischen Verhältnisse anlangt, so ist vor allem zu bemerken, daß ja der Ausbau der Main-Donau-Wasserstraße nicht allein in Betracht kommt, daß dieser vielmehr das erste und wichtigste Glied eines bayerischen Wasserstraßennetzes verwirklichen soll; es ist ferner zu beachten, daß schon viel gewonnen ist, wenn nur einmal gelegentlich der Projektierungsthätigkeit für das große Werk eingehende hydrologische Untersuchungen über die Wasserverhältnisse des Main-Donaugebietes angestellt werden, wenn Reservoirs projektiert und überhaupt das Inventar der uns zu Gebote stehenden Wassermenge aufgenommen wird. Es wäre dies der Anfang einer auf Retention begründeten rationellen Wasserwirtschaft höheren Stils in Bayern.

Jedenfalls ist die Kanalisierung des Maines auch von segensreichen topischen Folgen für das Mainthal. Die hohen Ufer des Maines verhindern eine eventuelle schädliche Wirkung durch Versumpfung, andererseits wird — wie Greve und Miquel beim Frankfurter Kongreß auf Grund der Erfahrungen mit der Untermainkanalisierung Mainz-Frankfurt ausführten — durch die streng geordneten Wasserverhältnisse eines kanalisierten Flusses der Boden günstig beeinflußt und durch die Ansammlung einer größeren Menge Wasser in dem aufgestauten Flusse die befruchtende Wirkung desselben auf das ganze Flußthal, sowie auf die an den Bergabhängen befindlichen Weinberge wesentlich erhöht.

Bei Beurteilung der durch die Großschiffahrt erstrebten Verkehrsverbilligung vom Standpunkte der landwirtschaftlichen Interessen wolle vor allem ein Moment im Auge behalten werden.

Es handelt sich bei dem Ausbau der bayerischen Main-Donau-Wasserstraße und der Schaffung eines Großschiffahrtsnetzes auf dieser Basis nicht um eine Maßregel, welche von heute auf morgen zur Ausführung kommt, sondern es dreht sich um ein Werk, das im besten Fall erst in 10—20 Jahren vollendet sein kann.

¹) Rosen a. a. O. behandelt diese Frage eingehend in Beziehung auf den projektierten Donau-Oder-Kanal. Daß sich der Zweck der Schiffahrt und der Be- oder Entwässerung vereinigen lassen, dafür sind zahlreiche Beispiele vorhanden. Der Naviglio grande in Italien bewässert z. B. 90000 Hektar und dient der Schiffahrt, analog andere oberitalienische, belgische rc. Kanäle.

Man muß also, da es sich um die historische Verantwortlichkeit für einen hochwichtigen Faktor in der zukünftigen wirtschaftlichen Entwickelung Bayerns handelt, Verstimmungen, welche aus einer momentanen wirtschaftlichen Unzufriedenheit resultieren, bei Seite lassen, denn sonst kommt man leicht auf Abwege, wie es in früheren Zeiten z. B. mit der Agitation gegen die Einführung der Eisenbahnen und dgl. war.

Es läßt sich nicht leugnen, daß gerade die ungemein billigen Wasserfrachten die moderne Weltmarktkonkurrenz im Getreideverkehr geschaffen haben. Von Ostindien wie von Nordamerika[1]) gelangt das Getreide in großen Schiffen an die Küste von Europa und auf den großen Strömen ins Innere der Länder. In Amerika wird die Erschließung des Westens durch den Panamakanal und die bessere Kommunikation der zentralen Landesteile durch einen für Seeschiffahrt geeigneten, die großen Seen verbindenden Kanal und einen Anschlußkanal von Chicago zum Missippi erstrebt. Aus den Süddonauländern geht das Getreide teils die Donau herauf, teils die Donau hinunter über See, teils via Triest und Fiume auf den Weltmarkt; aus Nordrußland wie aus Südrußland kommt das Getreide viel weniger auf den Eisenbahnen, wie auf den Seeschiffen zu uns. Auf dem Rheine bis Mannheim und Frankfurt, auf dem Rhone-Rheinkanal von Marseille bis Straßburg, auf der Donau bis Regensburg bieten sich der Getreideeinfuhr Wasserstraßen für den Transport nach Süddeutschland dar. Das sind Thatsachen, die wir in Bayern nicht zu ändern vermögen. Soweit die Binnenschiffahrt einen durchgreifenden Einfluß auf den Getreideimport und auf die Verbilligung des Getreides in Süddeutschland hat, macht sich derselbe also z. Zt. bereits in unabänderlicher Weise bemerkbar von den derzeitigen Endstationen der Großschiffahrt in Süddeutschland, Frankfurt, Mannheim, zum Teil auch Heilbronn, Straßburg und Regensburg. Bis ins Herz von Süddeutschland bringt also der Schiffahrts-Getreideimport bereits vor, und soweit derselbe von Einfluß auf die Getreidepreisbildung ist — es spielen bei der Getreidepreisbildung ja noch viele andere Faktoren mit herein — macht sich dieser Einfluß im großen und ganzen heute schon geltend.

Es kommen aber gerade bei den kleineren Schwankungen in der Marktpreisbildung des Getreides doch noch viele andere Faktoren als nur der Frachttarif in Betracht. Der Weizenpreis, auf den es ja vor allem ankommt, ist z. Zt. am höchsten in den von der Rhein- und Donau-Großschiffahrt berührten Provinzen: Pfalz, dann Niederbayern und Oberbayern und am niedrigsten in den z. Zt. von der Großschiffahrt ausgeschlossenen Provinzen Unterfranken, Oberfranken, Mittelfranken, Oberpfalz.[2]) Der lokale Getreidepreis

---

[1]) Näheres s. „Der kommerzielle Wert amerikanischer Kanäle" v. Deutsch, Wien 1885, ferner der Bericht des Freih. v. Berlepsch über seine Studienreise in Amerika, 1886
[2]) Die Tonne Weizen kostete 1891 durchschnittlich in Mannheim 241,4 ℳ, in Oberbayern 231,2 ℳ, in Niederbayern 223,8 ℳ, in der Oberpfalz 211,4 ℳ, in

ist eben von vielen Faktoren und — wie sich an dem Mannheimer Getreide=
preis zeigt — besonders auch von dem Vorhandensein konsumfähiger Groß=
städte und Industrien abhängig.

Immerhin bleibt an sich, also ohne Rücksicht auf die erhöhte Nachfrage
bei Steigerung der Industrie ein gewisser Spielraum für eine weitere Ver=
billigung des Marktpreises durch eine weitere Ausdehnung der Großschiffahrt
in Süddeutschland und durch die damit in Verbindung stehende Fracht=
verbilligung gegenüber der Eisenbahn, das leugnen wir nicht, nur der über=
triebenen Behauptung von der „kolossalen" Verbilligung des Getreides durch
die Mainkanalisierung u. s. w. wollen wir begegnen. Wenn man uns ent=
gegenhält, daß wir bei anderen Artikeln als Getreide die Frachtverbilligung
viel mehr „herauskehrten", so müssen wir darauf erwidern, daß ausländisches
Getreide ein Schiffahrtsartikel par excellence ist und deshalb die Schiffahrts=
gelegenheit bis Frankfurt, Mannheim, Regensburg 2c. in höchstem Maße benützt.

Bei zahlreichen anderen Artikeln unseres bayerischen Importes und
Exportes ist dies nicht der Fall, dieselben verbleiben zur Zeit zumeist ganz
auf der Eisenbahn und suchen nicht in dem Maße wie Getreide die zur Zeit
schon als Teilstrecke sich bietende Wasserstraße in Regensburg, Frankfurt u. s. w.
auf. Dies gilt sogar für Ruhrkohle, die zur Zeit nur teilweise von uns per
Rheinschiff via Gustavsburg oder Frankfurt und von da mit Umladung auf die
Eisenbahn bezogen, vielmehr und zwar von der Privatindustrie zum größten
Teile direkt per Eisenbahn aus dem Ruhrgebiete importirt wird. Daß in
solchen Fällen der Übergang zum Schiffahrtsbezug noch viel eingreifender
wirken muß, weil auch noch die ganze Rheinstrecke als neu benützter Schiff=
fahrtsweg hinzukommt, liegt auf der Hand.

Immerhin wird aber, wie gesagt, die Großschiffahrt im rechtsrheinischen
Bayern auch eine Getreidefrachtverbilligung mit sich bringen und wir haben
uns wegen dieser Thatsache, welche natürlich von der Industrie und von der
Arbeiterbevölkerung mit Freuden begrüßt würde, mit der reinlandwirtschaft=
lichen Interessenvertretung auseinanderzusetzen.

Es machen sich zwei Strömungen in der bayerischen Landwirtschaft be=
merkbar, welche sich in Zukunft noch weiter geltend machen werden Die
eine Richtung verbleibt in der Defensive und wendet sich auch weiterhin gegen
alles, was die dermaligen nationalen und internationalen Einrichtungen und
Beziehungen verändert, die andere ist mehr offensiv[1]), sucht durch andere

---

Unterfranken 221,0 ℳ, in Mittelfranken 221,6 ℳ, in früheren Jahren analog. (bereits von
Schanz in der 1893 in den „M. N. N." über die Mainkanalisierung und den Donau=
Main-Kanal erschienenen Abhandlung mitgeteilt). Vergl. die Preisstatistiken der Zeit=
schrift des k. b. statistischen Bureaus in München, Jahrgang 1892.

[1]) Erfreulicherweise hat sich auf diesen Standpunkt in ihrem neuesten Hefte (Mai)
nunmehr auch ganz entschieden die „Zeitschrift des landw. Vereins in Bayern" gestellt.

Gestaltung der landwirtschaftlichen Produktion mit den neuen Verhältnissen zu rechnen, mit allen Mitteln der Konkurrenz auf dem Markte zu begegnen, und besonders den inländischen bayerischen Markt durch Förderung der gesamten Betriebsamkeit des Handels, der Gewerbe und der Industrie möglichst konsumfähig zu gestalten.

Der defensiven Richtung in der Landwirtschaft glauben wir vor allem in Erwägung geben zu sollen, daß das rechtsrheinische Bayern im großen und ganzen seinen Getreidebedarf selbst deckt, ja daß sogar die einzelnen Provinzen im wesentlichen sich selbst mit Brodfrucht befriedigen. Daran wird auch der Ausbau der Main-Donauwasserstraße so wenig etwas ändern, als dies ein ganzes Netz von Eisenbahnen und die bis ins Herz des Landes bis Regensburg direkt aus Ungarn und den Süddonauländern betriebene Donaugroßschiffahrt zu ändern vermöchte.

Und was den Marktpreis des Getreides anlangt, auf den ja schon die bloße Möglichkeit, den Bedarf anderswo billiger zu decken, von Einfluß ist, so wird wohl bis zur Ausführung des großen Werkes einer neuen Main-Donauwasserstraße sich manches, was jetzt niederdrückend auf die Landwirtschaft wirkt, geändert haben.

Verschiedene Agrarpolitiker, darunter auch Ruhland[1] sind der Ansicht, daß die derzeitige auffallend scharfe Konkurrenz im Getreidebau nur eine vorübergehende Erscheinung ist: der von Ruhland zitierte ungarische Agrarpolitiker Dr. Polya sprach die Überzeugung aus, daß bis zum Ablauf dieses Jahrhunderts, also voraussichtlich noch vor Fertigstellung eines neuen Großschiffahrtsweges Passau-Aschaffenburg, die österr.-ungar. Weizenzufuhr beendet sein wird. Für Nordamerika hat Sering nachgewiesen, daß hauptsächlich der dortige bald sein Ende findende Raubbau die Schuld an der heftigen amerikanischen Getreidekonkurrenz trage und in Amerika wie in Rußland wird die rasch wachsende Bevölkerung immer mehr ihre Getreideprodukte selbst konsumieren. Damit soll nicht gesagt sein, daß in Zukunft der internationale Getreideverkehr ganz aufhören werde, aber wahrscheinlich ist es, daß die heimische Landwirtschaft in 15–20 Jahren bei uns eine bessere Position hat, als zur Zeit.

Sollte sich aber doch ein großer Getreideverkehr von der Donau her einstellen, so wird derselbe sicherlich nur ein transitierender sein. Das rheinische, niederländische und englische Handels- und Industriegebiet wird ein besserer Abnehmer des Getreides der Donauländer sein, als das landwirtschaftliche Bayern. Und es wird dieser Transit über Bayern hinaus befördert, je mehr die Main-Donauwasserstraße billige Fracht gewährt. Der derzeitige Umschlag des Getreides von der Donau auf die Eisenbahn in

---

[1] Ruhland, „Über die Grundprinzipien aktueller Agrarpolitik", Tübingen 1893.

Regensburg wirkt sicherlich mehr herabdrückend auf die Getreidepreisbildung in Bayern, als eine Transitwasserstraße nach dem Rheine. Dazu kommt, daß die Österreicher ja einen Donau-Oderkanal zu bauen beschlossen haben und einen Donau-Elbekanal planen und als Hauptausfuhrartikel für diese Kanäle das Getreide betrachten. Sollte man da nicht der Meinung sich hinneigen dürfen, daß durch den Bau von Kanälen von der Donau zum Rheine, zur Oder und vielleicht auch zur Elbe das amerikanische Getreide vom Rheine noch mehr zurückgedrängt werde, eine Entwickelung, die in dem Mittelland-Kanale, der das Getreide des Ostens billiger als bisher nach dem Rheine bringt, eine kräftige Stütze finden wird.[1]) Sollte man sich nicht der Hoffnung hingeben dürfen, daß gerade durch die Ausführung der drei großen neuen Wasserstraßenprojekte gegen den z. Zt. auf dem Rheine eindringenden transatlantischen Getreideimport gearbeitet wird, während zugleich das alte Absatzgebiet des bayerischen Weizenexportes, der Südwesten von Deutschland und die Schweiz, durch die Ablenkung der österreichischen Konkurrenz und durch die Zurückdrängung der bisher in Mannheim ihren Stapelplatz findenden transatlantischen Getreideeinfuhr wieder mehr als je der am nächsten liegenden bayerischen Landwirtschaft zufallen wird?

Das sind Gesichtspunkte, welche die defensiven Vertreter der Landwirtschaft nicht außer acht lassen mögen. Ein so warmer Förderer der bayerischen Landwirtschaft wie Prinz Ludwig von Bayern wäre sicherlich nicht für das große Kanalprojekt eingetreten, wenn die Ausführung desselben der bayerischen Landwirtschaft überwiegend Schaden bringen könnte.

Die Verbesserung der Verkehrsmittel bringt nicht bloß erhöhte Konkurrenz, sondern wirkt auch dahin, daß die günstigen örtlichen Produktionsbedingungen mit erhöhter Intensität ausgenützt werden. Daß z. Zt. die Landwirtschaft in Bayern in allen Gegenden und in allen Betriebszweigen auf der erreichbaren Höhe steht, läßt sich nicht behaupten und es steht deshalb zu erwarten, daß eine so wesentliche Verbesserung des bayerischen Güterverkehrs, wie eine solche durch den Ausbau der Main-Donau-Wasserstraße bedingt ist, auch eine die landwirtschaftliche Kultur in Bayern erhöhende Wirkung haben wird. Man pflegt zu bezweifeln, ob damit auch der bayerische Getreidebau wieder zu höherer Rentabilität und bei guten Ernten zu erhöhter Exportfähigkeit gebracht werden könne, während man dies für andere Betriebszweige der Landwirtschaft zugibt.

In erster Beziehung haben wir aber schon angedeutet, daß sich die Konkurrenzverhältnisse auf dem außerbayerischen Markte leicht wieder

---

[1]) Bezüglich der Bedeutung des Donau-Oder- und Donau-Elbekanals für den österr.-ungar. Getreideexport und der Zurückdrängung des überseeischen Importes f. die im Mai 1893 vom Wiener Donauverein an den böhmischen Landtag gerichtete Petition um Bewilligung der Projektierungskosten für einen Elbe-Moldau-Donaukanal. Besonders ausführlich hierüber ist auch Klunzinger: „Vortrag, gehalten im österr. Ingenieur- und Architektenverein, 29. Dez. 1888".

verschieben können, und daß bayerisches Getreide wieder ein nach auswärts gesuchterer Artikel werden kann. Abgesehen davon ist auch in Erwägung zu ziehen, daß die große örtliche Entfernung der konkurrierenden überseeischen Getreideländer mit der Abnahme des dortigen Raubbaues und mit der steigenden Inanspruchnahme der dortigen Landwirtschaft durch die einheimische Bevölkerung immer mehr zur Geltung kommen muß. Sind doch selbst noch von Wien bis Mainz auf der Donau=Main=Wasserstraße 1060 Kilometer Entfernung zu überwinden, von Amerika und Ostindien gar nicht zu reden.

Es ist ferner in Erwägung zu ziehen, daß bei einem eventuell wieder möglich werdenden bayerischen Getreideexport in nordwestlicher Richtung das überseeische Getreide zu Berg, das einheimische zu Thal geht, daß ferner nicht bloß die Fracht, sondern auch das frühere oder spätere Eintreffen des gesamten Ernteüberschusses auf dem Markte von Einfluß ist.

Daß die Idee eines bayerischen Getreideimports auf dem Maine für ein späteres Jahrzehnt — und darum handelt es sich ja bei unserer Betrachtung — nicht rein imaginär ist, mag man z. B. daraus entnehmen, daß die Untermainkanalisierung — wie in der Denkschrift der Frankfurter Handelskammer dargelegt wird — „die Handhabe bot, besonders Hafer und Gerste, welche von Bamberg, Wertheim und Kitzingen kamen, nach Mainz, Köln und Amsterdam thalwärts zu führen."

Daß im gegenwärtigen Momente in Weizen gegen die überseeische Konkurrenz am Rheine nicht aufzukommen ist, bestreiten wir nicht.

Allein das Getreide war in den letzten hundert Jahren am Rheine stets periodisch abwechselnd Berg= und Thalfracht und es ist wahrscheinlich, daß dies so bleiben wird. Begünstigt würde diese Entwickelung durch das schon mehrfach als Ziel hingestellte handelspolitische Prinzip „Europa den Europäern", einem Prinzip, über das sich jedenfalls eher diskutieren läßt, als über den Satz: „Bayern den Bayern", ein Satz, der schon durch unseren Mangel an Steinkohlen ad absurdum geführt wird.

Ein Spezialist auf dem Gebiete bayerischer Agrarpolitik, Ruhland, scheint gleich uns dem Maine die Bedeutung eines Exportweges der bayerischen Landwirtschaft zu vindiziren, wenn er schreibt:[1] „Aber auch die übrigen Wasserstraßen Bayerns (außer dem Donau=Mainkanal) besitzen für Handel und Verkehr mit landwirtschaftlichen Produkten eine untergeordnete Bedeutung. Die Donau besitzt erst von Regensburg ab einen Wasserstand, der dem durchschnittlichen Tiefgang unserer heutigen Transportschiffe annähernd genügt aber auch bis dahin dient sie weit mehr der Einfuhr und Durchfuhr ausländischer, als der Beförderung bayerischer Provenienzen. Der Rhein besitzt

---

[1] Die Landwirtschaft in Bayern, nach amtlichen Quellen, VI. Abschnitt, „Handel und Verkehr" von Dr. Ruhland.

für Bayern eine nur geringe Bedeutung, weil die dichtbevölkerte Rheinpfalz über keinen beträchtlichen Überschuß über den eigenen Bedarf hinaus verfügt. Die Hauptrichtung des Mainstromes deckt sich zwar mit einem wichtigen Handelsweg für Ackerfrüchte, aber einmal besitzt er oberhalb Würzburg einen Minimalwasserstand von nur 0,60 Meter, unterhalb einen solchen von 0,90 Meter, wodurch für seine Schiffe ein Umschlag in Gustavsburg oder Frankfurt erforderlich wird und weiter beeinflußen seine günstige Lage in der Hauptverkehrsrichtung wesentlich nachteilig die vielen Krümmungen seines Laufes."

Man wird nun einwenden, alle diese Hoffnungen bezüglich der steigenden Bedeutung des bayerischen Getreidebaues seien auf der unsicheren Voraus= setzung begründet, daß die ausländische Konkurrenz in 10—15 Jahren nach= gelassen hat. Die erwähnte offensive, d. h. nicht passive Richtung in der Landwirtschaft rechnet deshalb auch mit der andern Eventualität, daß unser Getreidebau infolge steigender Konkurrenz von den „Peripherieländern" des Weltmarktes niemals mehr zu der alten Bedeutung gelangen werde und daß dann die Hoffnung der Landwirtschaft auf eine manichfaltigere Produktion und auf eine regere Nachfrage durch Vermehrung der Industrie und Gewerbe, überhaupt der Bevölkerung im Lande zu setzen sei.

Damit kann nicht gesagt sein — schon aus betriebstechnischen Gründen — daß der Getreidebau ganz verdrängt werden soll, aber es dürften wohl andere Produktionszweige in unserer Landwirtschaft und im Getreidebau einige Speziali= täten, Gerste, Hafer, Spelz ꝛc., weit mehr als bisher in Bayern hervortreten.

Im Hopfenbau nimmt Bayern heute schon eine bedeutende Stelle auf dem europäischen Kontinent ein, bedeutend ist auch schon die Viehwirtschaft.

Der vermehrte Anbau von Futterpflanzen und der verbilligte Bezug derselben infolge einer das ganze Land durchschneidenden Großschiffahrts= wasserstraße wird der Viehwirtschaft zu gute kommen. Wie Hopfen, werden auch noch andere Handelsgewächse, Reps, Krapp, Tabak ꝛc., dann Sämereien, Hülsenfrüchte, Gemüse [1]) und Obst eine erhöhte Bedeutung gewinnen können.

Die sächsische Landwirtschaft z. B. ist uns in solchen Spezialitäten weit voraus.[2])

Die sog. landwirtschaftliche Industrie[3]) ist in Bayern in der Entwickelung noch sehr zurück und wird mit der durchgreifenden Verkehrsverbilligung, welche die Großschiffahrt mit sich bringt, einen kräftigen Impuls erhalten.

In dieser Beziehung kann uns Norddeutschland vorbildlich sein. In erster Linie ist die Förderung der Mühlenindustrie [4]) von größter Bedeutung

---

[1]) Der Baiersdorfer Meerrettich z. B. hat gerade durch den Ludwigskanal sich sein Absatzgebiet in Wien erworben und erhalten.
[2]) Näheres s. Gebauer: „Die Volkswirtschaft im Königreich Sachsen." Dresden 1893, vergl. hiezu „die Landwirtschaft in Bayern", III a.
[3]) Vergl. „die Landwirtschaft in Bayern" III D.
[4]) S. „Denkschrift in Sachen Eisenbahn und Wasserfrachten" vom mittelrh. Zweigverband deutscher Müller, Frankfurt 1887.

für die Landwirtschaft, wie wir dies, abgesehen von Norddeutschland, z. B. auch in Ungarn deutlich sehen konnten.

In Bezug auf die eigentlichen landwirtschaftlichen Industrien, besonders der Rübenzucker-, Sprit-, Branntwein-, Stärke- ꝛc. Fabrikation, steht Norddeutschland an der Spitze aller europäischen Staaten. Dadurch erklärt sich, daß in Norddeutschland mancher Acker schlechten Bodens einen höheren Ertrag, als ein sehr guter Boden bei uns erzielt.

In Hannover waren 1860 nur 2 Zuckerfabriken, die etwa 5—20000 Tonnen Rüben verarbeiteten, 1890/91 waren dortselbst dagegen 44 solche Fabriken, welche 1062977 Tonnen Rüben verbrauchten. Diese Zuckerfabriken beschäftigen rund 35500 Hektar besten Ackerbodens, auf welche auch noch 120 bis 140000 Ztr. (!) künstlichen Düngers aufgewendet wird. Im Handelskammerbezirk Halberstadt wurden 1890 von 72 Fabriken rund 2 Millionen Tonnen Rüben verarbeitet (1 Tonne = 1000 Kilo), in Braunschweig waren 1874 28 Zuckerfabriken mit 388000 Tonnen Rübenverarbeitung. 1890 32 Fabriken mit einem Verbrauch von 753400 Tonnen.

In ganz Deutschland sind allmählich über 400 Betriebe der Zuckerindustrie entstanden [1]), in Bayern kein einziger [2]), die bisherigen Unternehmungen — wir erinnern an die bei Regensburg (Fitenscher) und in Franken (Gnodstadt, Rottendorf, Gelchsheim ꝛc.) gemachten Versuche — mißglückten.

[1]) Wie sich im innigsten Zusammenhange mit dem seit den 60er Jahren ausgebauten norddeutschen Eisenbahn- und Wasserstraßennetz die Zuckerindustrie entwickelte, zeigt uns nachfolgende Tabelle:

Betrieb und Produktion der Rübenzuckerfabriken im deutschen Zollgebiet in den Kampagnejahren 1871/72 bis 1884/85.

Kampagne-jahre	Zahl der im Betriebe gewesenen Fabriken	mittelst Diffusion	durch Pressen, Maceration	hiervon gewonnen den Saft	Menge der verarbeiteten grünen Rüben	Menge der gewonnenen Füllmasse	Rohzucker aller Produkte	Melasse	Aus 100 Kilogr. Füllmasse wurden erzielt		Zur Darstellung von 1 kg Rohzucker waren an Rüben erforderlich
									Rohzucker	Melasse	
					t	t	t	t	kg	kg	kg
1.	2.	3.	4.	5.	6.	7.	8.	9.	10.	11.	
1871/72	311	52	259	2250918	262993	186442	63892	70,89	24,29	12,07	
1872/73	324	63	261	3181551	371617	262551	91589	70,65	24,65	12,11	
1873/74	337	80	257	3528764	412114	291041	105818	70,62	25,68	12,12	
1874/75	333	113	220	2756745	368044	256412	97603	69,67	26,52	10,75	
1875/76	332	157	175	4161284	502819	357048	133952	71,21	26,64	11,62	
1876/77	328	197	131	3550037	405504	289423	111101	71,37	27,40	12,27	
1877/78	329	224	105	4090968	515695	378009	122813	73,32	23,82	10,82	
1878/79	324	258	66	4628748	576180	426155	133652	73,96	23,20	10,86	
1879/80	328	291	37	4805262	554409	409415	131371	73,85	23,70	11,74	
1880/81	333	309	24	6322203	739336	555915	164984	75,19	22,32	11,37	
1881/82	343	324	19	6271948	774004	599722	150813	77,48	19,48	10,46	
1882/84	358	343	15	9747154	1093556	831995	196305	76,08	17,95	10,51	
1883/83	376	368	8	8918130	1216879	940109	207978	77,25	17,09	9,49	
1884/85	408	402	6	10402688	1448619	1123030	259700	77,52	17,93	9,26	

Auch diese Tabelle betrachte man unter dem S. 93 als für uns leitend aufgestellten Gesichtspunkte.

[2]) In Schweinfurt und Bayreuth ist je eine Zuckerraffinerie.

In Norddeutschland wäre die Zuckerindustrie ohne die billigen Wasserstraßen schwer denkbar. Der Bezug von Rüben, Kohlen, künstlichem Dünger, der Versand von Melasse, Abfällen ist auf billige Frachten angewiesen, der Versand von Zucker selbst zieht auch die billigere Wasserfracht vor, wie wir das bei dem österreichischen Zuckerimport der Elbeschiffahrt sehen können

Es ist freudigst zu begrüßen, daß sich in den letzten Monaten, z. Zt. in Regensburg, aber besonders in Mainfranken eine energische Bewegung zur Einführung der Zuckerindustrie in Bayern geltend machte, eine Bewegung, die auch in der Zeitschrift „der fränkische Landwirt" Förderung fand. Es haben dortselbst auch bereits eine Reihe von landwirtschaftlichen Versammlungen behufs Gründung einer großen Zuckerfabrik bei Mellrichstadt[1]) unter Anteilnahme von Staatsbeamten stattgefunden. Diese Bewegung ist symptomatisch für jene aktive Richtung in unserer Landwirtschaft. Diese Vertreter der Landwirtschaft werden eine durchgreifende Verbilligung des Verkehrs durch die Mainkanalisation und den Ausbau der Main-Donauwasserstraße sicherlich befürworten.

Der billige Bezug künstlichen Düngers allein ist schon ein so hervorragender Vorteil für die auf Aktion nicht verzichtende Landwirtschaft, daß dieselbe die Großschiffahrt freudigst begrüßen wird Die Bedeutung eines billigen Bezuges von Dünger für den fränkischen Weinbau wurde erst in den letzten Tagen von maßgebender Stelle in Würzburg eingehend gewürdigt. Wie viele Gegenden haben wir nicht in Bayern, die nicht so gesegnet sind, wie der niederbayerische Gau, die nur durch billigen Dünger und durch andere Hilfsmittel für Landwirtschaft und deren Nebengewerbe oder Industrien in Flor gebracht werden können. Wie viel wird bei uns auch in Gegenden mit besserem Boden in bezug auf landwirtschaftliche Statik noch gesündigt.

Wie es z. B. bei den hohen Frachten um die Beschaffung und Produktion künstlichen Düngers in Bayern steht, das hat die „landwirtschaftlich-chemische Düngerfabrik in Memmingen" in dem letzten schwäbischen Handelskammerberichte recht klar dargelegt. Da heißt es:

„Thomasmehl hat sich durch seinen billigen Preis und seine verhältnismäßig günstige Wirkung auch bei uns überraschend schnell eingebürgert und es ließe sich bei einem lächerlich geringen Nutzen immerhin ein nennenswerther Umsatz für den Großhändler erzielen, wenn das Kapital nicht anderweitig besser angewendet wäre. Der große Thomasmehl-Fabrikant, der sich bei Zeiten vorgesehen und sich die Thomasschlacken recht billig für eine Reihe von Jahren gesichert hat, kann allerdings von einem günstigen Geschäft reden, was aber bei dem Großhändler nicht der Fall ist, wenn, wie es vorkommt, der Waggon mit 5 ℳ Nutzen verkauft wird. Das Geschäft in Superphosphat, dem gangbarsten Düngermittel, war durch eine unerhörte

---

[1]) Ob nicht das Mainthal im Hinblick auf die zukünftige Mainschiffahrt vorzuziehen wäre?

Preisdrückerei in diesem Jahre wesentlich erschwert. Die großen Fabriken am Rhein fabrizieren eine fast unglaubliche Menge dieses Produktes und haben insoferne leichtes Spiel, als sie das Rohprodukt größtenteils auf dem billigen Wasserwege beziehen, während für die hiesige Gegend nur die teure Bahnfracht in Betracht kommt. Durch die Massenproduktion mußten die Preise naturgemäß sinken und erreichten im letzten Jahre einen fast unheimlich niedern Stand."

Es ist aber nicht bloß Dünger, was die Landwirtschaft als Hilfsmittel braucht, es kommen auch noch andere Artikel in Betracht. Miquel, der doch auch als hervorragender Agrarpolitiker gelten kann, machte beim Frankfurter Binnenschiffahrtskongreß hierüber folgende sehr zutreffende Bemerkungen:

„Ich glaube, wenn man fragt, welche Einwirkung hat eine Flußregulierung, eine Schiffbarmachung eines Stromes, die Herstellung eines neuen Kanals, so kann nichts verkehrter sein, als den Landwirt bloß als Produzenten landwirtschaftlicher Erzeugnisse aufzufassen. Beispielsweise, wenn wir hier in Frankfurt an jedem Zentner Kohle, welchen wir bekommen, 12½ bis 14 ₰ sparen durch die Mainkanalisation, so frage ich, kommt denn das nicht den Landwirten, die am Main wohnen, ebenso gut zu statten wie uns? Man muß sie auch als Konsumenten ansehen. Ebenso ist es mit Steinen, Holz u. s. w. Unsere Klärbecken produzieren kolossale Massen und wie sich herausgestellt hat — was sehr interessant ist für die Landwirte, weil diese Klärbecken sich jetzt in ganz Deutschland verbreiten — vorzüglichen Dung. Das Becken liegt unmittelbar am kanalisierten Main, der Dung kann zu Schiffe den ganzen Main und Rhein heruntergehen, in die Weinberge gebracht und für die Landwirtschaft benützt werden. Also ich meine, einseitig die Frage lediglich von dem Standpunkt des produzierenden Landwirts aufzufassen und die ganze Frage der Ersparnisse an seinen Konsumartikeln und der Ersparnis an dem von ihm vertriebenen Artikeln außer Frage zu lassen, wäre jedenfalls der allergrößte Irrtum.[1])"

Wir haben früher festgestellt, daß der Ausbau der Main-Donauwasserstraße wohl eine Getreidefrachtverbilligung mit sich bringen wird. Daß damit nicht auch ein Sinken des Getreidepreises im Ganzen verbunden sein muß, weil die Frachtverbilligung durch andere Momente in der Preisbildung kompensiert werden kann, haben wir schon durch das Beispiel illustriert, daß zur Zeit die Gegenden mit Großschiffahrt in Bayern einen höheren Getreidepreis haben, als die übrigen.

Wir haben sodann gezeigt, daß bei eventuellen günstigeren Exportverhältnissen die Frachtverbilligung der getreidebauenden Landwirtschaft direkt

---

[1]) Ähnlich schreibt Rosed a. a. O. S. 32.

zu gute kommt und daß der billige Bezug ihrer Hilfsmittel, insbesondere bei landwirtschaftlicher Industrie, von größter Wichtigkeit ist. Das wichtigste Moment aber, welches die frachtverbilligende Eigenschaft der Großschiffahrt zu Gunsten der Landwirtschaft kompensiert, ist die Erhöhung der gewerblichen und kommerziellen Betriebsamkeit, welche durch den großen Kanal in Bayern erzielt werden soll.

Die auf Förderung der Industrie und des Handels gerichtete Wirkung der Frachtverbilligung ist als ein den Getreidepreis hebender Faktor dem Kanalprojekt gutzuschreiben, ja man darf wohl, wenn man nicht bloß bayerische Verhältnisse, sondern auch andere Gegenden, z. B. das industrielle Rheinland, ins Auge faßt, getrost behaupten, daß die frachtverbilligende Eigenschaft der Wasserstraße der Landwirtschaft dann mehr nützlich, als schädlich ist, wenn der lokale Aufschwung des Handels und der Industrie eintritt und der Landwirtschaft zu gute kommt. Bisher hat die bayerische Landwirtschaft von Mannheim, Frankfurt ꝛc. aus nur die Nachteile des Einflusses der Groß= schiffahrt erfahren, aber nicht die Vorteile genossen.

Die beste Sicherheit der Landwirtschaft gegen die Veränderungen auf dem Weltmarkte ist die Durchsetzung des Landes mit Industrie und Handel mit zahlreichen konsumfähigen Städten; diese lokale Bedeutung verbleibt der Landwirtschaft immer.

Es kann den Vertretern landwirtschaftlicher Interessen nicht oft genug der nationalökonomische Satz vorgehalten werden, daß hohe Preise ein Reiz= mittel für den Produzenten, aber ein Abschreckungsmittel für den Konsumenten sind, daß man also auf ein möglichst allgemeines Erhalten guter Preise innerhalb gewisser Grenzen und ebenso auf hohen Verdienst der Arbeit hin= arbeiten, daß man die Konsumfähigkeit erhalten und erhöhen muß, wenn man in Wahrheit den landwirtschaftlichen Interessen in dem Rahmen einer organischen Staatsgemeinschaft dienen will. Der Ausbau der bayerischen Wasserstraßen dient zugleich der bayerischen industriellen Betriebsamkeit und der Verbilligung des internen Verkehrs dieser Industriezentren mit den land= wirtschaftlichen Gegenden. Glaubt man, daß der Rhein, wenn man alle Momente abwägt, der Landwirtschaft der dortigen Gegenden mehr nützt oder mehr schadet? Daß er mehr nützt, ergibt sich auch daraus, daß die Land= wirtschaft und die Industrie dort in wirtschaftlicher Beziehung ziemlich ein= trächtig Hand in Hand gehen. Genau so ist es mit der Fortsetzung des Rheines durch die Mainkanalisation.

Die Belebung des internen Markt- und Schrannenverkehrs ist an die Verbesserung unserer Wasserstraßen geknüpft. Wenn die landwirtschaftlichen Produkte z. B. von Vilshofen bis Lindau oder Ulm und Nürnberg, von Kitzingen bis München einen billigen Wasserweg haben, so wird das entschieden einen belebenden Einfluß auf die einheimische Landwirtschaft ausüben.

6. Schluß.

Wenn wir zum Schlusse das Fazit unserer Betrachtungen über den Ausbau der Main-Donau-Wasserstraße zu ziehen suchen, so müssen wir sagen, daß sehr viele und sehr gewichtige Gründe dafür sprechen, daß die bayerische Staatsverwaltung der Schaffung eines bayerischen Großschiffahrtsweges von Kahl bis Passau wenigstens zunächst durch gründliche technische und wirtschaftliche Untersuchung näher tritt. Erst dann, wenn eine Trace vorgeschlagen ist, wird sich über die technische, wirtschaftliche und finanzielle Seite des Projektes Näheres ausführen lassen, und erst wenn ein Staatsvertrag mit Preußen und Hessen wegen Fortführung der Mainkanalisation bis zur bayerischen Grenze zu Stande gekommen ist, was recht bald geschehen möge, kann mit der Verwirklichung begonnen werden. Vorläufig können wir es nur als höchst wünschenswert erklären, daß Bayern in den Besitz eines solchen Großschiffahrtsweges gelange, wir können den gesetzgebenden Faktoren ein sapere aude zurufen und auf die allgemeine Entwicklung hinweisen. Die Gefahr zunehmender Verkehrsentblößung für das rechtsrheinische Bayern ist groß, die wirtschaftliche Selbständigkeit Bayerns, die doch ebenso wichtig ist wie die politische, wird durch die Handelshegemonie der Städte Mannheim, Frankfurt, Heilbronn ꝛc. immer mehr illusorisch. Ein Blick auf die internationalen Binnenschiffahrts-Kongresse lehrt uns, daß wir in Gefahr sind, eine neue, wichtige Etappe in der Entwickelung des Verkehrswesens ungenützt an uns vorübergehen zu lassen und daß wir damit unseren Nachkommen gegenüber eine schwere Verantwortung auf uns nehmen, ist klar. Es ist deshalb auch bedenklich, in diesem Punkte nicht mit der Zeit zu gehen, jeder Tag kann eine neue Erfindung auf dem Gebiete der Schiffahrts- und Wasserstraßentechnik bringen (z. B. Verbesserung der Schiffshebewerke), welche der Binnenschiffahrt noch eine ganz ungeahnte erhöhte Bedeutung im Güterverkehr verleihen kann. Bis wir dann das nachholen, was unsere Nachbarstaaten infolge des ja heute schon mehr als ein Jahrzehnt betragenden Vorsprungs zum größten Segen gereicht, ist die Entwickelung vielleicht bereits wieder um einen Schritt weiter und unsere Anlagen sind dann verfehlt

Wir müssen Schritt halten mit der allgemeinen Entwicklung, und nach des Dichters Wort den Besten unserer Zeit genug thun.

Bei rechtzeitig nach allseitiger Abwägung der Verhältnisse ausgeführten Schiffahrtsanlagen ist z. Zt. ein Risiko kaum vorhanden. Die große Arbeitsteilung, die sich in der Volkswirtschaft allenthalben vollzieht, erhöht die Bedeutung der Raumdifferenz und damit der Fracht außerordentlich; die Frachttarife werden in Zukunft noch eine viel größere Rolle spielen als heute, sie werden die alte handelspolitische Hauptfrage: „Freihandel oder Schutzzoll" ablösen!

Wir stehen also in Bayern vor einer wichtigen Entscheidung in bezug auf die fernere Entwickelung unseres Verkehrswesens.

Fassen wir die in Betracht kommenden Gesichtspunkte noch einmal zusammen! Der bayerische Landtag wird demnächst die beiden in der jüngsten bayerischen Thronrede eigens hervorgehobenen und in letzter Linie auf die Anregung des Prinzen Ludwig von Bayern in der Kammer der Reichsräte zurückzuführenden Regierungsvorlagen über Förderung der Main= und Main= Donaukanalschiffahrt zu beraten haben, welche weit über Bayerns Grenzen hinaus Teilnahme erwecken. Lassen sich doch selbst einige auswärtige Regierungen über den Stand dieser Angelegenheit sorgfältig unterrichtet erhalten.

Die eine Vorlage betrifft die Weiterführung der Dampfkettenschlepp= schiffahrt auf dem Main von Miltenberg, wo dieselbe — von einer Mainzer Aktiengesellschaft betrieben — zur Zeit ihr Ende findet, nach dem Obermain, zunächst bis Kitzingen, und zwar als staatliches Unternehmen. In Verbindung damit werden 4 000 000 ℳ für Vollendung der Maintorrektion gefordert, um der Dampfschiffahrt eine geringste Fahrwassertiefe von 70 Ctm. zu geben. Die andere Vorlage verlangt 100 000 ℳ als ersten Teilbetrag der auf 300 000 ℳ veranschlagten Projektierungskosten einer für Großschiffahrt geeigneten, durch Kanalisation des ganzen Mains, Umbau des Donau-Main= kanals und Vollendung der Donau = Korrektion herstellbaren Main = Donau= wasserstraße mit etwa 2 Meter Fahrwassertiefe von der bayerisch-preußischen Grenze bei Aschaffenburg bis zur bayerisch-österreichischen Grenze bei Passau.

Beide Projekte ergänzen sich. Die Vollendung der Maintorrektion — im Benehmen mit der Kommission zur Projektierung der Main= kanalisation ausgeführt — wäre eine Vorarbeit für die Mainkanalisation und, da die Ausführung des großen Kanalplanes, also zunächst die Main= kanalisation von Frankfurt aufwärts bis Aschaffenburg und weiterhin doch nur in größeren Zeiträumen vorwärtsschreiten kann, verbliebe der Main= kettenschiffahrt als dem an die Rheingroßschiffahrt anschließenden Schiffahrts= verkehrsmittel auf Jahre hinaus eine mit dem Vordringen der Mainkanalisation steigende, für den mittleren und oberen Main wichtige zwischenzeitliche Bedeutung.

Beide Vorhaben bedingen sich aber auch gegenseitig in mehr als einer Beziehung. Durch die Mainkettenschiffahrt allein würde nur dem dringendsten Notstande des seit Jahren darniederliegenden, nur kleine oder mittelgroße Schiffe besitzenden Mainschiffergewerbes abgeholfen und dem für die Mittel= und Niederrheingegend sowie für die Rheinseehäfen nicht unbedeutenden Bezug und Absatz des bayerischen Mainlandes eine Frachtermäßigung gebracht, die gegenüber den Stückguttarifen der Eisenbahn sehr beträchtlich, gegenüber den Spezialtarifen und Ausnahmetarifen für Massengüter. z. B. Ruhrkohle, aber weniger bedeutend ist. Wesentlich geringer als diese örtliche Bedeutung der Mainkette für die Maingegend ist der Einfluß derselben auf den Fernverkehr.

In dieser Beziehung kommt in Betracht der doppelte Umschlag bei der Ausfuhr und bei der Einfuhr der südlich des Mains gelegenen Gegenden, der nur durch die sehr fragwürdige Verkehrsrelation Bamberg-Ludwigskanal auf die einmalige Umladung vom Rheinschiff in das Mainschiff verringert werden könnte. Ob z. B. die Ruhrkohle, der weitaus wichtigste Einfuhrartikel Bayerns, von den großen Rhein- und Untermainschiffen auf die mittelgroßen Schiffe der Kettenschleppschiffahrt mit Vorteil umgeladen und über Bamberg und durch den Ludwigskanal nach Nürnberg, Altbayern und Österreich gebracht werden kann, wird sehr bestritten. Es würde eine gewisse Erhöhung des Fernverkehrs des bestehenden Ludwigs-Donau-Main-Kanals bei bloßer Mainkettenschiffahrt und ohne Kanalisation des ganzen Mains nur denkbar sein, wenn ein abkürzender Zweigkanal von Erlangen oder Nürnberg an den Mittelmain zum Anschluß an die Mainkettenschiffahrt gebaut würde, wogegen aber wieder andere gewichtige Gründe sprechen.

Dagegen würde der Umschlagsverkehr und die Durchgangsbedeutung der Kettenschiffahrt des mittleren und oberen Mains immer größer, je weiter die Kanalisation am Untermain vorwärts schreitet, weil die durch die Großschiffahrt erzielte Frachtverbilligung am Untermain der Schiffahrt des mittleren und oberen Maines zugute kommen würde, weil die großen, die Wettbewerbsfähigkeit der Mainschiffahrt beeinträchtigenden Krümmungen der Mainwasserstraße nur durch die Tiefe des Fahrwassers ganz ausgeglichen werden können.

An sich ist die Mainkettenschleppschiffahrt vor allem für das bestehende Mainschiffergewerbe von Bedeutung, dann für den Absatz der Erzeugnisse der bayerischen Maingegend nach dem Rhein hin und für den Bezug von dorther. Es kommt aufwärts von Miltenberg für den Absatz besonders in Betracht die sehr bedeutende Steinindustrie des Mainthales, die auf der badischen Strecke Wertheim-Miltenberg zur Zeit wegen Mangels einer Eisenbahn auf Pferdeschiffahrt und Landfuhrwerk angewiesen ist, ferner Brennholz, Nutzholz und Holzwaren aus dem Spessart, Obst, Wein, Bier, besonders von Würzburger Exportbierbrauereien, Zement aus der Karlstadter Zementfabrik, Glas, Holz u. a. von Lohr, bei guten Ernten auch Getreide, insbesondere aus dem Ochsenfurter und Schweinfurter Gau. Wie weit die Fabriken von Schweinfurt (besonders Farben), Kitzingen, Würzburg und Bamberg die Kettenschiffahrt zum Absatz ihrer fertigen Artikel benutzen werden, steht dahin. Im Waarenbezug der Maingegend werden besonders Eisen, Kolonialwaren, Wein, Rohmaterialien für die Fabriken und — wenn man sich an die Umladung in Frankfurt gewöhnt haben wird — in steigendem Maße auch Steinkohlen eine Rolle spielen. Abgesehen von diesem örtlichen Bezug und Absatz der fränkischen Volkswirtschaft wird die Kettenschleppschiffahrt besonders von hoher Bedeutung sein, für die Ausfuhr des bayerischen Schnittholzes das zur Zeit hauptsächlich seinen Weg nach Heilbronn an den Neckar nimmt, wo sich günstige Schiffahrtsgelegenheit bietet. Ob auch noch viele andere Artikel aus Bayern und nach Bayern die Mainkettenschiffahrt benutzen und den zweimaligen Umschlag von der Eisenbahn ins Mainschiff und vom Mainschiff ins Rheinschiff nicht scheuen oder den Ludwigskanal mitbenutzen werden, wird vielfach angezweifelt.

Mit der fortschreitenden Kanalisation des Mains wird dagegen die große Bedeutung der Main-Verkehrsstraße für den Durchgangsverkehr immer mehr zur Geltung kommen. Der Eisenbahn-Umschlagsverkehr der von der Mainkanalisation erreichten Städte wird ungemein lebhaft werden, und auch die restierende Kettenschleppschiffahrt bis Bamberg und die Donau-Main-Kanalschiffahrt wird fortwährend steigen. So sind also für die nächsten 10 bis 15 Jahre bei baldiger Inangriffnahme des Vorhabens in allererster Linie die Mainstädte an dem neuen fälschlich „Donau-Main-Kanalprojekt" bezeichneten Plan des Ausbaues der bayerischen Main und Main-Donau-Wasserstraße beteiligt. Erst in einer fernern Zukunft werden die jetzt oft in den Vordergrund gestellten Fragen der Wasserbeschaffung für einen neuen Donau-Mainkanal brennend, aber selbst, wenn das Main-Donau-Kanalprojekt sich als technisch unausführbar erweisen sollte, verbliebe die Kanalisation des Maines, die technisch sicherlich keine Schwierigkeiten bietet, als ein für die so notwendige Belebung der bayerischen Betriebsamkeit hochbedeutendes Werk selbständig bestehen; ebenso die Vollendung der Korrektion der bayerischen Donau.

Die Kosten für die Kanalisation des ganzen Mains werden nach dem Vorbilde der Untermain-Kanalisierung, die doch sicherlich allen Anforderungen der Großschiffahrt entspricht, auf 70 Millionen Mark geschätzt, nach dem Muster anderer Flußkanalisierungen aber wohl niedriger zu veranschlagen sein. Da auch bei Einführung einer Schiffahrtsgebühr behufs Deckung der Betriebs- und Unterhaltungskosten, sowie der Verzinsung und Tilgung des Anlagekapitals die Frachtersparnis gegenüber der Eisenbahn eine in sehr vielen Relationen bedeutende wäre, da der Main die Hauptverkehrsader eines weiten bayerischen und österreichischen Hinterlandes würde, da die an den Main anschließenden Eisenbahnen einen beträchtlichen Verkehr zugeführt erhielten, der zur Zeit den bayerischen Eisenbahnen durch Wettbewerbslinien im Osten, Westen und Norden des Landes entzogen ist, so ist bei klar rechnender Beurteilung das Werk der Mainkanalisierung ein nicht weniger förderliches Unternehmen für die bayerische Staatswirtschaft als für die bayerische Volkswirtschaft. Daß das Flößereigewerbe durch die Kanalisation eines Flusses nicht vernichtet zu werden braucht, sondern nur gleich der Schiffahrt mit dem langsamen Fortschreiten der Mainkanalisation allmählich zu einem intensiveren Großbetrieb mit Dampferzugkraft übergeht, dafür hat man Vorbilder an den preußischen Wasserstraßen, welche das Weichsel-Floßholz weiterbefördern. Daß Handel, Industrie und Gewerbe in Bayern auf die Main-Kanalisation insbesondere wegen des für

Bayern so außerordentlich wichtigen billigen Bezuges von Steinkohle und anderen Rohstoffen und des Versandes der bayerischen Landeserzeugnisse, Schnittholz, Hopfen, Steine, Erden u. s. w., große Hoffnungen setzen, haben wir wenigstens in großen Zügen bereits ausgeführt.

Die Frage des völligen Ausbaues der Main-Donauwasserstraße zu einer großen, mit dem Seeweg wetteifernden deutsch-österreichischen Großschiffahrts-Verkehrsstraße mag zunächst in den Hintergrund treten, da die Größe dieses Gedankens von vielen leicht mit Schwärmerei verwechselt wird, da ferner in diesem Falle die finanzielle und die technische Frage den Gegnern einer entschiedenen Verkehrsbelebung in Bayern bequeme Deckung bietet. Es wäre schon viel gewonnen, wenn einmal der Frage der Kanalisation des bayerischen Mains näher getreten würde. Das Projekt eines neuen Main-Donaukanals, bei dessen Ausführung im Interesse der Wasserbeschaffung wohl eine teilweise Verlegung des bisherigen Wasserlaufes, Anlegung von Wassersammelbecken und möglichste Nutzbarmachung der neuen Bauarten von Schiffshebewerken und schiefen Ebenen mit Trogschleusen in Betracht gezogen werden wird, dürfte mit der Kanalisierung des Mains von selbst seiner Verwirklichung entgegenreisen.

Was die eben erwähnte Gegnerschaft betrifft, so sollte man annehmen, daß der gesamte bayerische Landtag wie ein Mann hinter den Bestrebungen des Prinzen Ludwig von Bayern, den Fortschritt der wirtschaftlichen Kultur in Bayern zu fördern, stände. Werden doch auch die örtlichen Interessen, die zur Zeit abseits liegen, die Unterstützung ganz Bayerns brauchen, wenn es sich weiterhin darum handelt, die Schiffahrt der obern bayerischen Donau und auf dem Inn wieder zu beleben, München, Augsburg und vielleicht sogar Lindau an die Donau und die bayerische Pfalz an das elsaß-lothringische Kanalnetz anzuschließen rc.

Im übrigen ist die Gegnerschaft wohl in letzter Linie auf die Verstimmung der bayerischen Landwirtschaft über die Reichshandelspolitik zurückzuführen, obwohl weder das Kanalprojekt noch sein geistiger Urheber, Prinz Ludwig von Bayern, der wärmste Förderer der Landwirtschaft, mit dem russischen Handelsvertrag in irgend einer Beziehung stehen. Allein „die Newa rauscht, sie will ihr Opfer haben". Wir fürchten nur, daß der Hauptschaden bei dieser Politik auf Seite der bayerischen Landwirtschaft liegt.

Dieselbe braucht bis zu der Zeit, da das Kanalprojekt einigermaßen Aussicht hat, verwirklicht zu sein, also in 10 bis 20 Jahren, sicherlich mehr als je eine verbrauchsfähige Industrie im eignen Lande, billigen Bezug von Dünger und andern Hülfsmitteln, erleichterten Absatz ihrer Erzeugnisse, insbesondere ihrer immer mehr zu entwickelnden Nebengewerbe nach bayerischen und andern deutschen Städten. Heute hat der bayerische Staat einen verhältnismäßig geringern Nutzen von den Handelsverträgen des deutschen Reiches und von der See- und Binnengroßschiffahrt, welche den gesteigerten internationalen Verkehr vermittelt. Er fühlt mehr die Schattenseiten, während die Vermehrung des Nationalreichtums durch Handel und Industrie mehr den Nachbarstaaten zufällt.

Ein entschiedener Aufschwung von Handel und Industrie, wozu eine Verlängerung des Rheins durch Franken und späterhin durch ganz Bayern wesentlich beitragen kann, wird dagegen imstande sein, Bayern als ein wirtschaftlich zufriedenes Glied des deutschen Reichskörpers zu erhalten. Wenn aber Bayern den industriellen Aufschwung, der in Norddeutschland, abgesehen von den Eisenbahnen, durch den Ausbau der Wasserstraßen mit einem Aufwand von Hunderten von Millionen gefördert wurde, nicht mitmacht, wenn, wofür bereits Anzeichen vorliegen, die wenigen Anstalten wirklicher Großindustrie, die wir in Bayern haben, wegen des zu kostspieligen Bezugs der Rohstoffe und der zu großen Entfernung zu den Seehäfen, aus Bayern hinweg verlegt werden, so darf man sich nicht wundern, wenn mit der Zeit die bedenkliche wirtschaftliche Sonderstellung Bayerns mit all ihren Begleit-Erscheinungen immer schärfer hervortritt.

Im Hinblick auf die einheitliche Entwicklung der wirtschaftlichen Zukunft Deutschlands hat also die bayerische Kanalfrage einen bedeutsamen Hintergrund. Es handelt sich nicht, wie vielfach in Norddeutschland, um die Einverleibung nur eines neuen mehr oder minder wichtigen Gliedes in das Kanalnetz. Es handelt sich darum, ob das bayerische Land, in welchem die Wasserstraßen noch nicht im entferntesten so für die Schiffahrt eingerichtet sind, wie das in Norddeutschland der Fall ist, in diesem Zustande verharren soll oder nicht, ob Norddeutschland, das hinsichtlich des für Handel, Industrie und Landwirtschaft hochwichtigen Ausbaues eines Kanalnetzes bereits einen Vorsprung von 15 bis 20 Jahren gegenüber Bayern hat, noch weiterhin in diesem Punkte Bayern vorauseilen soll.

Wenn man verfolgt hat, wie heftig die Bewegung in Bayern gegen die norddeutschen Staffeltarife war, wenn man bedenkt, wie geringfügig im Güterverkehr die Bedeutung dieser vereinzelten Staffeltarife gegenüber einem norddeutschen Wasserstraßennetz ist, so kann man sich vorstellen, welch' scharfer Gegensatz zwischen norddeutscher und bayerischer Volkswirtschaft sich allmählich ausbilden muß, wenn Bayern nicht gleichfalls daran geht, seine Wasserstraßen auszubauen.

Wir haben demnach in Bayern eine Entwicklung der wichtigen Wasserverkehrsstraßen zur Ergänzung des Eisenbahnnetzes dringend nötig.

Unsere Handelszweige und Industrien klagen in den letzten bayerischen Handelskammerberichten in allen Tonarten über die wirtschaftliche Depression und verlangen in ihren wichtigsten Zweigen, z. B. in der Holzbranche, Stein- und

Metallbranche, billige Tarife; unsere Landwirtschaft braucht, wie wir nicht oft genug hervorheben können, vor allem einen neuen kräftigen Impuls durch Vermehrung der Betriebsamkeit im eigenen Lande und damit des Konsums ihrer auch mannigfaltiger und der Marktlage entsprechender zu gestaltenden Produktion.

Man verlangt auch eine Verhütung der allzu starken städtischen Konzentration und die Etablierung von Industrien auf dem platten Lande, ein Vorgang, den bekanntlich gerade die Wasserstraßen, welche überall Ländeplätze aufweisen, im Gegensatz zu den Eisenbahnen mit ihrem derzeitigen die Zentralisation begünstigenden Tarifsystem in hohem Grade fördern.

Es ist unseres Erachtens unbestreitbar, daß die Landwirtschaft an sich, in einem wirklichen Industriestaate eine viel bessere Position hat, als in einem Lande, das erst Industriestaat werden will. In Verfolgung dieses Gedankens ergibt sich für Bayern die wichtige Konsequenz: Wenn einmal die Würfel gefallen sind, worüber man sich je nach seinem Interessenstandpunkt oder — wenn man nicht interessiert ist — je nach der Richtung, die man für die Entwicklung der Gesamtheit für nötig hält, freuen oder nicht freuen wird, dann müssen in Bayern alle Kreise, einschließlich der Landwirtschaft, in gesteigertem Maße auf eine raschere Vermehrung der Industrien und des Handels hinarbeiten, wenn Bayern nicht von der neuen Handelspolitik einen verhältnismäßig größeren Schaden und geringeren Nutzen als andere industriellere Gegenden Deutschlands ziehen soll. Eine Agitation gegen die Interessen des Handels und der Industrie seitens der Landwirtschaft in Bayern wäre auf die Dauer für die letztere unter solchen Verhältnissen ein Schnitt ins eigene Fleisch.

Dieser Gesichtspunkt erscheint uns wichtiger, seine Festhaltung segensvoller für Bayern zu sein, als die Forderung, wenn die auswärtige Handelspolitik nicht geändert werden kann, wenigstens durch interne Verkehrsbeschränkungen die Landwirtschaft unter gleichzeitiger Schädigung des Handels und der Industrie zu „schützen", erscheint uns auch dem Verlangen oder richtiger gesagt der Prophezeiung, daß in Zukunft die einheimische Landwirtschaft wieder mehr zur Deckung des einheimischen Bedarfs herangezogen werde und dadurch bessere Preise erziele, schließlich mehr zu entsprechen, als jene Forderung, den internen und besonders den Wechsel- und Transitverkehr nicht zu entwickeln, sondern zu beschränken und Handel und Industrie als die intimsten Todfeinde der Landwirtschaft zu bekämpfen. Dies würde mit der Zeit zur Verarmung in Bayern führen.

Nicht die Vermehrung der Bevölkerung an sich bringt unter gleichzeitiger Gesundung der gesamten sozialen und wirtschaftlichen Zustände auch die einheimische Landwirtschaft wieder zu der erstrebten festen Position, sondern erst durch die Vermehrung der Konsumfähigkeit der Bevölkerung, durch

Hebung des Handels, der Industrie und der Gewerbe, deren erste Bedingung der möglichst vollkommene und zeitgemäße Zustand der Verkehrsmittel ist, läßt sich dies erreichen. Der Kampf zwischen Landwirtschaft und Industrie würde Bayern ins Unglück stürzen.

So wird es also nicht ausbleiben können, daß man in Bayern bei der Diskussion über die wirtschaftliche Lage immer wieder auf die wichtigsten Grundlagen der Volkswirtschaft, auf die Verkehrsmittel, zu sprechen kommen und erörtern wird, was man auf diesem Gebiete zur Besserung der Verhältnisse erreichen kann.

Man wird dann unter Anderem, wie in nahezu allen Kulturstaaten — ausgehend von Frankreichs Initiative nach dem 1870er Kriege bis auf die neueste Bewegung zur Hebung der Schiffahrt in Österreich-Ungarn, Bulgarien und Rumänien — auch bei uns sich über die Frage schlüssig machen müssen, ob eine Ergänzung unseres Eisenbahnnetzes durch ein Wasserstraßennetz notwendig ist.

Man wird nicht mehr die bekannten Einwände, z. B. von der langen Wintersperre in Bayern, als ausschlaggebend hinstellen können, nachdem Rußland — ganz abgesehen von seinem imponierenden europäischen Wasserstraßennetz — sogar in Sibirien Kanäle gebaut hat, man wird die Schmälerung der Rente der den Wasserstraßen parallel laufenden Eisenbahnen nicht mehr als allein stichhaltigen Grund anführen können, nachdem ein reiches wissenschaftlich gesichtetes Material dafür vorliegt, daß diesen Eisenbahnen durch die Wasserstraßen nicht bloß Frachten entzogen, sondern vielfach, besonders auch in den höherwertigen Gütern, deren Produktion durch die Verbilligung der Rohmaterialien gesteigert wird, neue Frachten zugeführt werden, so daß sich im Lauf der Jahre in vielen Fällen ein Ausgleich zwischen Wasserstraßen und parallel laufenden Eisenbahnen vollzieht, während die seitlich einmündenden Bahnen zumeist von der Wasserstraße direkt Nutzen ziehen.

Man wird sich nicht auf irgend ein technisches Moment, z. B. den Wassermangel, steifen können, so lange die Sache technisch noch gar nicht untersucht ist. Man wird die Frage prüfen müssen, ob von dem neuen Verkehrsmittel der wiedererweckten und modernisierten Schiffahrt, der sogenannten Großschiffahrt und deren Wirkungen der fiskalische Rahm sogleich oder erst nach einem gewissen für die neue Entwicklung des Verkehrs gelassenen Zeitraum abgeschöpft werden soll, ob man also von der neuen Wasserstraße außer den Betriebs- und Unterhaltungskosten sofort eine Verzinsung und Amortisation des Anlagekapitals, verlangen soll, oder erst allmählich, um zunächst der Betriebsamkeit einen besonders kräftigen Impuls zu verleihen.[1]

---

[1] Man möge also die Gebührenfrage bei aller Wahrung des Staatsinteresses möglichst opportunistisch und möglichst wenig „prinzipiell" behandeln!

Daß zur Erreichung dieses letzteren Zweckes die Wasserverkehrsstraßen besonders geeignet sind, liegt unseres Erachtens in den natürlichen Vorzügen der Wasserstraße vor der Eisenbahn, da man, um mit Eisenbahnreformen eine ähnliche Wirkung zu erzielen, um ebenso viel mehr mit radikalen und — bei einseitigem Vorgehen — in ihrer Tragweite bedenklichen künstlichen Maßnahmen vorgehen müßte, als die Wasserstraße bereits durch natürliche Bedingungen Vorteile gewährt, da man ferner im Verkehrsfortschritt m ö g l i ch st dem natürlichen Prinzip, welches auf der Ausbeutung von der Natur gegebener[1]) und von der Wissenschaft gemachter Fortschritte[2]) beruht und welches allein dem kalkulierenden Geschäftsmann eine Handhabe bietet, huldigen soll und möglichst wenig dem willkürlichen Prinzip einer einseitigen sprunghaften Tarifpolitik. Bei letzterer werden zwar die momentan Begünstigten die Begünstigung stets als nützlich preisen, die auf einer anderen Seite Geschädigten aber werden stets entschieden dagegen Front machen mit jener Gereiztheit, welche die Maßnahmen als staatliche „Willkür" und nicht als unabwendbare natürliche Entwickelung empfindet.

Es erscheint uns ferner der „Wasserweg" dadurch mit Bestimmtheit vorgezeichnet, weil wir in Bayern wegen des Anschlusses an die Nachbarstaaten und damit wegen der engen Begrenzung unserer Eisenbahnpolitik mit unseren Eisenbahntarifen a l l e i n doch schließlich n i ch t v i e l erreichen könnten.

Die Erörterung der Verkehrspolitik drängt sozusagen z. B. bei uns in Bayern auf die Wasserstraßen hin. Wir können allein nichts mit dem „Prinzip der kürzesten Linie" anfangen und können allein auch keine nationalen oder internationalen Reformen durchführen. Wir werden gerade bei unserer deutschen bundesstaatlichen Verfassung so bald nicht zu großen einheitlichen Eisenbahntarifreformen gelangen.

Nachdem aber Preußen die Idee einer Ergänzung des Eisenbahnnetzes durch ein Wasserstraßennetz ganz entschieden aufgenommen hat, nachdem eine gebührenfreie (!) kanalisierte Untermainstrecke und nicht eine gratis befördernde preußische Eisenbahn uns zum Anschluß einlädt, nachdem Österreich mit der durchgreifenden Regulierung der Donau einen ersten wichtigen Schritt zu einer auf Eisenbahn und Schiffahrt begründeten Verkehrspolitik thut, und ebensowenig durch eine Donauzollpolitik die Verwertung dieser Wasserstraße im Interesse des bayerischen Verkehrs und Transitverkehrs verwehren kann, wie es andererseits durch seine Eisenbahntarife sicherlich nicht gerade für die Hebung des bayerischen

---

[1]) Bei Anwendung dieses Prinzips auf unser Kanalprojekt erscheint als ein solcher Vorteil der Umstand, daß der größte weit nach Osten sich erstreckende Nebenfluß des Rheines, der Main, in Bayern sich der Donau nähert, und bei der Ausführung des Kanalprojektes entscheidet gleichfalls wieder der natürliche Vorzug, indem die Gegend gewählt wird, welche die in technischer, wirtschaftlicher und finanzieller Beziehung vorteilhafteste Trace besitzt.

[2]) Als ein solcher erscheint mir das neuere theoretisch entwickelte und praktisch auch schon einigermaßen erprobte systematische Eisenbahnstaffeltarifsystem!

Verkehrs wirken wird, — nach alledem kann Bayern auch keine andere Verkehrspolitik einschlagen, sondern es muß den Fortschritt in seinem Verkehrswesen nunmehr vor allem auf dem Gebiete der Wasserstraßen zu verwirklichen suchen, wenn es nicht auf diesem wichtigen Gebiete zum Stillstand und damit zum Rückschritt sich bekennen will.

Und was die Handelspolitik betrifft, so ist es doch jedenfalls für uns Bayern vorteilhafter, wenn der Handel, der uns auch mit auswärtigen Produkten versorgt, wenigstens nicht von preußischen und badischen Städten aus nach dem „bayerischen Hinterlande" betrieben wird, sondern wenn der Handelsgewinn von uns selbst eingestrichen und im Lande verzehrt wird. Bis jetzt hat nur Regensburg im rechtsrheinischen Bayern einen auf Großschiffahrt zurückzuführenden beträchtlichen Handel und Verkehr. Was aber für die Donaudampfschiffahrt gilt, das gilt auch für den Main.

Ist die erstere, wie Se. Excellenz Minister v. Crailsheim im bayerischen Landtage kürzlich ausführte, „ein wesentlicher Stützpunkt, um Konkurrenzen anderer Verkehrswege zu begegnen", und würden ohne dieselbe „sich große Verkehrsgebiete, die Schweiz, Württemberg, Baden, Elsaß=Lothringen, zum Theil auch Sachsen=Thüringen, auf einem anderen Wege mit Umgehung der bayerischen Eisenbahnen mit Getreide, Futtermitteln zc. zc. versehen" so richtet sich die erstrebte Großschiffahrt auf dem bayerischen Maine gegen die Konkurrenz der hessischen und Neckar=Routen, insbesondere gegen Mannheim, dann gegen böhmische, norddeutsche und andere Verkehrslinien. Es gibt deshalb auch kein Dorf im Mainthale — und wenn es ganz und gar von Landwirten bewohnt wäre — das nicht eine energische Förderung des Mainhandels dringend ersehnte.

Alle Einwände, welche sich gegen die Bewilligung der Projektierungskosten für das Projekt des Ausbaues der Main= und Main=Donauwasserstraße — also ganz abgesehen von diesem Werke selbst — richten können, können nur den einen Inhalt haben, daß so wenig Gründe dafür vorhanden sind, dem Projekte auch nur näher zu treten, daß schon die Projektierungskosten zu viel sind. Dieses einzige Argument, welches erhoben werden kann, glauben wir widerlegt zu haben.

Eine Volksvertretung aber, welche aus Sparsamkeit eine Ausgabe ablehnen würde, deren Effekt dem Lande einen weit größeren Nutzen bringen würde, als die finanzielle Belastung darstellt, würde gerade in Zeiten wirtschaftlicher Depression einen schwer korrigierbaren Fehler begehen.

Bliebe also nur — was wir nicht hoffen wollen — die Feindschaft der wirtschaftlichen Stände und der einzelnen Gegenden! Und das wäre der Weg, auf dem die „nicht zu verderbenden Bayern" sicher ihrem Verderben entgegengehen würden. —

Es sind nahezu hundert Jahre her, da schrieb einer der größten Söhne Bayerns Lorenz von Westenrieder in seinem „Jahrbuch der Menschengeschichte in Bayern" über den Verfall des bayerischen Handels, der in letzter Linie auf die Ablenkung des großen mittelalterlichen deutsch-italienischen und deutsch-österreichischen Zwischenhandels zurückzuführen war.

Man versuchte es inzwischen mit dem Ludwigskanal, allein das Werk blieb eine Halbheit, da weder Main noch Donau genügend schiffbar gemacht wurden. Man baute ein Eisenbahnnetz, aber auch damit ist trotz aller Tarifkonzessionen nicht alles erreicht worden. Man vergleiche in dieser Beziehung nur, was Minister von Pfretschner in der Landtagssitzung vom 21. März 1876 und was Minister von Crailsheim vor einigen Wochen über die Notwendigkeit der Erhaltung der Donauschiffahrt im Interesse der bayerischen Eisenbahnen sprach. Die Schiffahrt kam inzwischen wieder zur Geltung.

Seine kgl. Hoheit Prinz Ludwig von Bayern, der bayerische Thronfolger, hat uns einen der Wege gezeigt, auf welchem wir zu dem Ziele kommen können, das wir ja alle erstreben: In dem uns angewiesenen Kreise, in unserem Vaterlande den großen Entwicklungszielen, dem Kulturfortschritt zu dienen, der heute mehr als je in der Lösung wirtschaftlicher Frage zu suchen ist.

Seine energische, sachkundige und zielbewußte Führung vor Augen schließen wir dieses lediglich Anregung zu weiteren Untersuchungen anstrebende Schriftchen mit den Worten, in welchen Westenrieder vor hundert Jahren den Geist des bayerischen Volkes zur Betriebsamkeit anrief:

„Und so habe ich denn hier wieder einige Vorstellungen niedergelegt, nach denen es uns wieder weniger freisteht, zu bleiben, wie wir sind. Wo bist du, Geist vaterländischer Eintracht, vaterländischer Unternehmung, alter Geist der Bayern! An welchem Ufer stiller Bäche, oder in welchen Einsiedeleien weiltest du, stumm und wehmütig, in dich selbst gekehrt? Sieh', jener schlug an seinen Schild, ließ seine Stimme vom Hügel hören, und das Heer des Widerstandes floh vor ihm, und Kraft und Leben kam unter sein Volk. Willst du, so werden unsere Gewerbe aufleben, unsere Waren übers Meer schiffen und unsere Namen da geachtet sein, wo unsere Sprache längst aufgehört hat. Du weißt, daß dem Geist des Menschen alle Geschäfte unterthan sind; und willst du, so winkst du uns nur, wo wir arbeiten, wo wir Beschwernisse überwinden sollen, und wir haben gesiegt —."